JN438710

아날로그의 추억, 그 후

이현미 수필집

수필과비평사

| 작가의 말 |

교장선생님 호출이라니 내 눈이 동그래졌다. 책상 위에 놓인 공책의 훈화 말씀이 궁금하셨나 보다. 그것은 친정아버지의 가르침을 기억하기 위해 만들어 놓은 공책이었다. 뜻밖의 칭찬을 들었던 일이다.

아버지는 자주 세상사 옳고 그름을 일러주셨다. 내가 하기 싫은 일은 다른 사람도 하기 싫다며 솔선수범을 강조하고 배려 양보 희생이란 단어를 번갈아 말씀하셨다. 어느 자리든 있으나 마나 한 사람이 아니라 꼭 있어야 할 사람이 되라고도 당부하셨다.

아버지의 가르침을 명심하며 살았다. 어느 곳에서든 궂은일의 중심에 항상 내가 있었다. 때로는 손해 보는 듯한 생각도 들었으나 그냥저냥 견뎠다. 그러나 하소연이랄까,

꼭꼭 봉인한 채 숨겨 둔 속앓이는 글이 되어 쌓였다. 두어 번 딸막거린 적이 있으나 무언가 불편해하는 그이를 보며 감히 책으로 엮어볼 엄두를 내지 못했다.

모든 일이 때가 있는 모양이다. 날마다 몰아붙이는 문우의 권유에 못 이긴 듯 수필 등단 후 14년 만에 내는 첫 수필집이다. 오래 숨죽이고 있던 글들이 긴 날숨을 내쉬며 밖으로 나오니 나는 어쩔 줄을 모르겠다.

소박하기 이를 데 없는 이 책을 여리고 여렸던 나의 과거에 비친다.

2024년 메밀꽃 피다

목차

2부 슬픈 대화

3부 그곳에서도 글을 쓰는가요

4부 아날로그의 추억

1부

가장의 무게

이제, 독립

트라우마

가장의 무게

아들의 편지

간섭과 관심

얼굴 마비되다

어떤 독립선언문

아껴뒀다 어디 쓸라고

이제, 독립

하마터면 주저앉을 뻔했다. 그날은 큰아이 전역이 나흘이나 남은 날이었다. 때마침 뉴스에서는 북한 최고 지도자가 공석에 안 보인다며 온갖 추측이 난무하던 때다. 큰아이 걱정에 식탁에 앉은 가족들의 마음도 덩달아 불안할 뿐이었다. 그때였다. 부대에 있어야 할 큰아이가 갑자기 나타나 "엄마!" 하고 부르니 놀랄밖에. 하도 놀라 말도 더듬고 손도 떨고 있는 내 모습에 외려 큰아이가 더 놀란 듯했다.

재작년 시월 그 무렵은 큰아이를 군에 보내놓고 세상천지에 나만 당한 일인 듯 하늘이 무너질 것 같은 가슴앓이를 했다. 아들은 입대하는 날부터 자대 배치까지 일반 병사들보나 시간이 오래 걸렸다. 무슨 특수한 교육을 받느라 따로 차출되었다고 했다. 내 시간은 참으로 더디게 흐르고, 군 복무기간 내내 속수무책 애간장만 태웠다. 불안하고 헛헛한 마음을 아들에게 날마다 편지 써 보내는 것으로 다스렸다. 아버지의 서울살이, 동생의 좌충우돌 동아리 활동과 오지랖 넓은 나의 시답잖은 일상까지 쓸 때마다 편지지를 빼곡 채우곤 했건만…. 어언간 무탈하게 제대를 했으니 이제는 그 모든 걱정과 염려에서 헤어나려나. 이제야 안심이 된다.

코로나19로 인해 몇 차례 미뤄진 토익 시험에서 고득점을 받은 작은아이가 학원에서 무료 식사 티켓을 받았다고 했다. 의심해 볼 여지없이 그런 줄만 알았다. 워낙 고급 식당이어서 그런 일이 아니라면 엄두도 못 낼 곳이었다. 그런데 두 녀석이 계획한 깜짝 이벤트라니. 더욱이 예정일보다 며칠 앞서 전역한 큰아이가 감사의 의미로 마련한 자리란다. 아직 직장에서 정식으로 급료를 받는 게 아니라서 용돈을 챙겨 드리는 것보다 훨씬 낫겠다 싶었다니! 왈칵 눈물이 났다.

그제야 베레모를 쓴 군복 차림의 늠름한 아들이 눈에 들어왔다. 그이도 굳어있던 얼굴을 조금씩 풀었다. 시종 쳐다보고 웃던 옆 테이블의 손님들과도 여유 있게 눈인사를 나누었다. 무료 식사인 줄 알았는데 큰아이가 밥값을 계산한다고 하니 돈이 아깝다고 말해 놓고 모두 기분 좋게 웃었다.

무탈하게 산다는 것, 이 말이 요즘처럼 간절하고 또 고마울까. 숱한 사연을 남기고 군 생활을 마친 아들은 사회에 첫발을 내딛는다. 발령받은 학교 인근에 거처를 정하자 나는 살림살이를 챙겨 보냈다. 사람 사는 데 혼자든 둘이든 있어야 할 건 다 있어야 한다. 실로 만감이 교차한다는 말이 이런 건가. 이렇게 큰아이는 군 생활 말고도 내 곁을 떠나서 그야말로 따로 독립한 것이다.

혼자 일어나 아침을 차려 먹고 학교에 가고 학생들을 가르친다. 하고 싶었던 일이었으니 즐겁단다. 가족이 함께 지낼 때는 생각해 본 적조차도 없는 소소한 일들, 화장실은 항상 깨끗하고 샴푸 통에 내용물은 한 번도 떨어진 적 없이 처음 그대로인 그 모든 것이 다 엄마의 수고한 손길이었다는 것을 새삼 깨달았단다. 나는 그저 웃었다. 아들아, 부모라는 굴레가 다 그렇니라.

졸업생이 찾아온다니 내가 더 반갑다. 졸업하고 불과 석 달 만에 보는 아이들도 엊그제 본 아이들이 아니란다. 그새 애티가 싹 사라지고 제법 어른스럽고 점잖아 보인다며 뿌듯해했다. 아들을 바라보는 나도 흐뭇하기는 마찬가지다.

아들의 독립을 시작으로 지금껏 함께 부대끼며 성장하고 다졌던 가족애도 새로운 형태로 변화할 것을 안다. 아직 결혼하여 가정을 이룰 독립이 남아 있긴 하지만, 모종이 자라 열매를 맺고 알곡으로 여물 듯 아들은 단단한 어른이 되어 더 나은 내일을 맞을 것이다. 내일의 좋은 선생님이 될 것이다. 그런데 아들의 독립은 나의 독립이 아닌가. 그러고 보니 나도 이제 독립이다.

트라우마

사방 천지가 꽃몸살을 했어도 안중에 없었다. 베란다에 나란히 줄 선 화분 몇 개에만 온갖 애정을 쏟았다. 이파리가 축 늘어져 행여 기운 없어 보일 때는 얼른 물을 주었고, 다음 날이면 어김없이 영양제로 다독이며 무탈한 겨울나기만을 기다렸다.

겉옷의 두께가 두꺼워질 무렵부터 시작된 시어머니의 병간호는 옷 두께가 얇았다가 두꺼워지기를 몇 번이나 반복할 때까지 계속되었다. 누가 알아주지 않아도 정성을 다한다면 좀 빨리 회복되지 않을까 혼자 동분서주했으나 별반 차도가 없는 암담함에 내 어깨는 축 늘어져 있었다.

그날도 이른 아침에 집을 나서서 종일 시어머니를 돌봐주고 돌아오는 길이다. 갑자기 비가 내렸다. 방금까지도 맑은 날이었다는 게 믿기지 않는다. 쏟아지는 비에 비해 천둥소리가 나지 않는 것이 그나마 다행이랄까. 보기와 다르게 겁 많다는 말을 듣는 나는 발걸음에 속도를 내어 거의 달리다시피 했다. 집으로 오는 내내 주위의 누구도 우산을 쓴 사람이 없다. 그러고 보면 언제부턴가 우리는 지구 온난화라는 단어 앞에서는 아우성이지만 쉽게 제어되지 않는 온난화 현상 앞에는 모두 잘 적응하는 것만 같다. 그렇더라도 쓰나미 피해는 어떤가. 세상천지를 홀딱 뒤집어 놓았다. 죽음의 도시는 또다시 예전처럼 소통할 수는 있을까. 얼마만큼 시간을 보내야 회복될 수 있을까.

별안간의 빗속에 집 주변은 금세 시커멓게 변했다. 불현듯 어릴 적 경험했던 일이 떠올랐다. 그날의 기억은 어제 일처럼 무시로 생각난다. 제주에서의 일이다. 고지대인 중산간에 비가 많이 내리면 빗물은 우리 동네까지 흘러왔다. 우리가 뛰어놀던 놀이터를 가운데로 집들은 서로 마주보고 있다. 그 집들마다 동네 아이들이 살고 있었다. 평소에는 놀이터였다가 비만 오면 물길을 열어 하천이 되는 것이다.

그곳은 최고의 놀이터였다. 줄넘기며 땅따먹기, 고무줄놀이며 자치기 등 시간 가는 줄 모르고 뛰어놀았다. 편을 나누어 2단 뛰기 줄넘기 시합도 했다. 중간에 쉬지 않고 연속하여 한 번이라도 더 많이 하려고 팔을 빠르게 돌렸다. 악착같은 내 모습에 먼저 탈락한 친구들의 응원 목소리는 점점 커지고 덩달아 숨은 거칠어 헐떡거린다.

아직 승패의 결정이 나지 않아 응원 소리가 하늘을 찌를 듯한데 머리 위로 시커먼 먹구름이 자리 잡더니 후드득 비가 퍼붓는다. 한순간에 일어난 일이라 아이들은 어찌할 바를 몰라했다. 이윽고 천둥소리가 우르릉 쾅쾅대고 번개가 희번덕하니 번쩍거리고서야 흩어 내달리기 시작했다. 그야말로 눈 깜짝할 사이의 일이었다.

쾅쾅거리는 천둥소리와 방망이질하듯 뛰는 심장 소리로 마음이 바빠진 탓에 계단을 두세 칸씩 뛰어올라 집으로 왔다. 방으로 들어가서 창문을 열었다. 시뻘건 흙탕물이 윗동네에서 밀려 내려오는데 나를 삼킬 것 같은 두려움으로 몸서리쳤다. 잠깐 사이에 내린 비라고는 상상 못할 거친 물살이었다.

순간, 물놀이를 하다가 깊은 곳에 빠져 허우적거렸던 일이 떠올랐다. 겨우 땅에 발이 닿아 턱까지 차오른 숨을 진정시키고 심호흡을 했던 일이 불과 며칠 전이다. 막 그 일을 떠올리려 하는 그때, 눈앞에서 과일 집 언니가 리어카와 함께 물에 휩쓸려 가는 것이 아닌가. 언니의 작은 몸이 잠시 보였다 사라지고 또 보였다 사라지더니 더 이상 물위로 올라올 줄 몰랐다. 너무 놀라 소리를 질렀지만 언니는 대답이 없었다. 흔적도 없이 사라진 언니가 불쌍하여 오래 가슴앓이를 했지만 남은 아저씨와 두 아들도 짠하긴 마찬가지였다. 혼이 나간 아저씨는 이미 제정신이 아니었고 두 아들은 거렁뱅이 신세가 되어 돌아다녔다. 동네 사람들이 쥐여 주는 몇 푼이 며칠이나 가겠는가. 전

재산이었던 그 리어카를 옮기려다 생긴 비극이었다. 물은 절대 우리 생각대로 사정을 봐가며 기다려 주는 않는다는 것을 깊이 깨달았다. 그 때문인가. 오랫동안 큰물에 대한 두려움으로 자주 움츠러든다. 그런 나를 비웃듯 세상에는 물의 재앙이 또 얼마나 빈번한가.

저녁나절, 그이와 함께 온천천을 산책한다. 개울을 이은 돌다리 위로 점점 물이 찰랑거리더니 흘러넘쳤다. 앞서가던 나는 위험하다며 소리를 지르고 얼른 건너갔다. 그리고는 목소리를 높여 빨리 건너오라 했지만 그이는 건성으로 듣는다. 외려 약이나 올리듯 더 느릿느릿 건너오고 있다.

"물은 순식간에 밀려와. 정말이야. 당신이 몰라서 그러는데 나는 알아."

잔뜩 겁에 질려 얼굴까지 파래지며 말하는 내 모습에 그이는 온 얼굴로 별스럽다며 고개를 젓는다. 순간, 옛날 물놀이 때 발이 빠져 허둥댔던 내 모습과 큰물 나던 날 리어카와 함께 물속으로 가라앉은 과일 집 언니가 눈앞에 있었다.

도무지 사라지지 않는 큰물의 기억은 트라우마가 되어 내 주위를 맴돈다. 지금도 온천천의 물 꼬리에 붙어 나를 졸졸 따라다닌다.

가장의 무게

그이가 서울로 간 지 어언 3년이 되었다. 매주 금요일 저녁이면 내려오고 일요일 저녁에 올라간다. 애초의 계획대로라면 큰아이가 임용고사를 마치고 나면 이사를 할 예정이었다. 그러나 나는 두 아들의 형편에 맞추다 보니 선불리 짐을 싸지 못하고 그냥 부산에 남아 있다.

매번 일주일 분량의 국거리와 찬거리, 다림질한 와이셔츠며 손질한 빨랫감을 챙겨 보낸다. 집밥만 찾는 그이가 자신보다 아이들을 우선으로 생각하여 이런 불편을 자처한다. 어깨에 짊어진 가장의 무게가 그런 것이려니 마음이 아려서 싸했다. 챙겨준 찬으로 어떻게든 식사야 해결하겠지만 불편한 게 어디 한두 가지이겠는가.

끄무레한 날씨 탓인지 전에 없이 철이 든 것인지 모르겠다. 그이에게 전화를 걸어 오늘도 수고하라는 응원을 보냈다. 대낮의 통화가 자칫 일에 방해될까 하여 삼가 왔는데 전화를 건 나나 받는 그이나 평소 안 하던 일에 서로 웃는다. 이리 웃으니 참 좋다.

흐린 날이 기어이 비를 내렸다. 이런 날은 주택에 살던 유년을 떠올린다. 비가 내리면 어서 비설거지를 해야 했다. 바지랑대의 빨래를 걷고 햇볕 쬐려 열어 놓은 장독 뚜껑을 닫았다. 우리 집만이 아니라 옆집의 비설거지도 마저 했다. 그때는 그런 때였다. 살아가는 모든 일에 서로 품앗이하듯 챙겼다.

다섯 가구가 오글오글 모여 살던 제주 집은 화장실이 한 개였다. 삼대가 사는 가구도 있었고, 사대가 사는 가구도 있었다. 부모님과 일곱 형제인 우리 집도 그들과 별반 다를 게 없었다. 돌이켜보면 화장실 하나로도 누구 하나 불편을 모를 만큼 그런 생활에 익숙했던 시절이었다.

어느 해였다. 농사가 끝난 겨울, 아버지는 일자리를 찾아 진도에서 제주도로 가셨다. 그때부터 우리 가족의 제주살이가 시작되었다. 그해 추위는 유난히 매서웠다고 한다. 낯선 곳에서 거처를 구하는 것이 그리 호락호락한 일이 아니었을 것이다. 더구나 많은 식솔이 딸린 아버지였으니 말이다. 먼저, 손에 쥔 돈만큼의 집을 보고 네모반듯한 땅을 소개받으셨다. 장고 끝에 그 땅을 매입하여 집을 지으셨다. 여럿의 자식들은 블록을 옮기고 아버지는 그 블록으로 담을 쌓으셨다. 지은 집 옆에 또 집을 짓고 그렇게 아버지는 슬라브집 다섯 채를 짓는다. 집 한 채를 짓는 데 서푼의 돈이 들었다면 닷 푼이나 받고 세를 주었다. 다섯 채의 집을 짓는 동안 이루 말로 다 못 했을 아버지의 수고를 감히 가늠키나 할까? 그것은 아무도 대신할 수 없는 가장의 무게였다. 만약에 그때 아버지가 땅을 사지 않고 그 돈으로 더 너른 집을 구했다면 우리는 좀 편하게 살았을까? 지금도 이따금 드는 생각이다.

다섯 가구는 일마다 어수선했다. 평소에는 더없이 다

정한 듯해도 월말에 각종 세금을 받을 때면 머리끝이 쭈뼛거리곤 했다. 사람 수대로 셈하는 수도 요금과 전등 개수만큼 받던 전기요금 소동은 그칠 줄을 몰랐다. 정운네 할머니는 한 번도 순순히 그냥 넘어가는 일이 없다. 그럴 때마다 나는 돈을 받기 위해 넉살을 부리며 비위를 맞췄다. 훗날, 돈을 벌어도 많은 사람과 같은 공간에서 부대끼며 살지는 않을 거라 다짐했다. 배가 불러오자 제주로 내려와 몸을 풀던 서울 언니, 산바라지는 우리 엄마가 대신했다. 딸을 낳은 서울 언니는 자신의 처지를 생각해서인지 서럽게 울었다. 그런 언니를 친언니처럼 따르며 잔심부름을 도맡았다. 몸조리가 끝난 서울 언니가 우리 곁을 떠나던 날, 이번에는 내가 서럽게 울었다. 얼른 그치지 않는다고 엄마한테 야단을 맞으면서도 계속 울었다. 그 외에도 양말 장사 언니네, 간드러지게 창을 잘 부르던 정민 오빠네, 할머니가 언제나 시비를 걸던 정운 오빠네, 그리고 지연 언니가 그 시절 올망졸망 더불어 살았다. 수돗가를 빙 둘러 서로 마주보며.

보따리장사를 하던 양말 장사 언니 내외는 돈을 많이

벌어 가게를 따로 얻었다. 나는 설이나 추석 대목이면 가게에 가서 아기를 돌보고 어느 때는 양말도 팔았다. 언니는 한 번 입었던 옷을 아무렇지도 않게 매장에 내다 걸고 다시 팔았다. 그 기억 때문인지 지금도 옷을 살 때면 이 주인도 그럴까 하는 생각이 가끔 든다. 곱상한 지연 언니와 다르게 말투가 투박한 그녀의 남편은 설핏 어울리지는 않았지만 둘 사이가 얼마나 좋은지 항상 웃는 얼굴이었다. 노래를 잘 부르던 정민 오빠네는 건강이 좋지 않은 남편을 지극정성으로 언니가 보살폈다. 아기가 생기지 않아 데려다 키운 아들은 통통하니 보기 좋았다. 그렇게 금슬 좋은 부부였는데 언니가 집을 나갔다는 소식을 바람결에 들었다. 알 수 없는 것이 사람의 일이다.

제주를 떠나 부산에서 산 세월이 어언 삼십오 년이다. 그들과 그 시절이 그립다. 유년의 추억이 곳곳마다 스며있는 그곳이 다 그립다. 그리워하면서도 정작 제주에 갈 때면 선뜻 찾아가지 못하고 애써 피했다. 행여 내 마음속에 간직한 추억이 바스러질까 두려워서였을까. 아버지에게 생명줄처럼 절박했던 그곳의 변화와 맞닥뜨리기 싫어서였을까.

서울에 떨어져 지내는 그이를 생각할 때마다 곤하게 사셨던 아버지가 떠오른다. 아버지의 어깨를 짓눌렀던 일곱 남매는 제각각 가족을 이루고 그 옛날의 아버지처럼 꿋꿋이 살아가고 있다. 그때의 아버지와 지금의 그이, 두 가장의 무거운 무게를 생각해 보는 저녁이다. 빗줄기가 제법 굵다.

아들의 편지

— 나의 가족

충성! 엄마, 아빠, 형, 모두 잘 지내고 계시죠? 저도 잘 있어요. 엄마가 보낸 편지 잘 받았어요. 제가 보내기도 전에 먼저 올 거라 생각도 못 했는데 인터넷이 있어 제 번호를 알 수 있었나 봐요. 기쁜 마음으로 읽었어요.

지금까지의 일들을 하나하나 꼽아보면 운도 참 좋은 것 같고 일이 잘 풀리고 있는 거 같아요. 훈련병 모두를 크게 3개의 소대로 나누었어요. 우리 2소대가 사람 수도 적당

한 거 같고 1층이라 드나들기도 편해요.

내 앞 번호와 뒷 번호인 사람들과는 같이 다니면서 훈련받고 생활관에서도 옆에 붙어 있고 할 터라 나랑 잘 맞는 사람이었으면 했는데 다행히 양쪽 두 분이 성격도 좋고 저랑 잘 맞는 것 같아요. 우리 소대의 소대장님과 그 밑에서 도움을 주시는 분대장님들도 다른 곳의 분들보다는 좋아 보이고 잘 챙겨주세요. 저한테 주어진 번호도 제가 잘 쓰는 비밀번호랑 비슷해서 기억하기도 쉽고 모두 별문제 없이 잘 지내고 있어요.

하루가 다르게 친해져서 이제는 개인 정비를 위한 자유시간이 되면 떠드는 소리로 생활관이 꽤나 시끌벅적해요. 소소한 즐거움과 감사한 일이 생각보다 많은 하루하루지만 그래도 역시 집만은 못하네요. 그래도 괜찮아요.

많은 것들이 달라졌고 새로운 생활을 하고 있어요. 느긋하게 일어나던 집에서와 달리 새벽 6시 빈의 기상 방송에 눈이 번쩍 떠지고 밥은 세끼 먹을 때마다 곧바로 식판과 수저를 들고 가서 설거지를 후다닥 끝냅니다. 집에서 안 하던 설거지가 여기서는 손에 익네요.

내 이불은 내가 개고 빨랫비누로 빨래도 해보고, 바람이 살랑살랑 부는 것을 보면서 오늘은 널어놓은 빨래가 잘 말랐으면 좋겠다 하는 생각도 해요. 군대에서 유명한 햄버거인 군대리아도 벌써 두 번이나 먹었고, 목사님께 인성교육을 받은 후, 달콤한 초코파이도 맛나게 먹었어요.

주말의 종교행사는 원하는 곳을 선택해 갈 수 있는데 저는 기독교를 한번 가 보려고 해요. 어딜 가도 맛있는 거 준다는 이야기 때문에 오전에 기독교, 오후에 불교를 다니며 신성한 여러 신을 만나고 오는(?) 동기들도 있지만 저는 기독교 하나에 만족하려고 합니다. 그래서 초코파이라도 주지 않을까 기대하며 기다립니다. 주말에 무한도전을 기다렸듯이 여기서는 주말의 종교행사를 생각하며 일주일을 버티게 되지 않나 싶어요.

훈련도 아직은 그리 많이 한 것은 아니지만 지금까지는 잘해오고 있어요. 너무 버거워서 혼자 뒤처지거나 피곤해서 감당하지 못하지도 않아요. 운동을 꾸준히 해둔 게 큰 도움이 되는 것 같아요. 그러니 걱정 안 하셔도 돼요. 이것 말고도 엄마가 우려하신 것처럼, 남들에게 피해 갈 만한 일이 생기지 않게 하려고 더 바쁘게 먼저 일을 끝마치려고 서둘러요. 밥을 늦게 먹는 습관도 신경 써서 얼른 먹으려고 하고 다른 행동들도 마찬가지예요. 제법 잘 따라가고 있는 것 같아요.

아빠.

서울과 부산 집을 오가며 편찮으신 할머니를 챙기느라 쉴 틈이 없으시죠. 집에서 일일이 하소연할 수 없는 업무와 할머니 걱정으로 요즈음 몸과 마음이 지치실 듯하여 염려됩니다. 아빠, 힘내세요.

해드릴 수 있는 것이 지금으로선 아무것도 없지만, 무사히 훈련 마치고 건강하고 씩씩하게 집에 돌아가는 것으로나마 힘이 되길 바랍니다. 사진으로 짧은 머리의 저를 보셨을 텐데, 제대하면 더 의젓한 아들이 되어 아빠 말씀처럼 '멋지게' 인시드릴게요.

그리고 형아.

잘 지내고 있지? 형에게는 얼마 남지 않은 방학이, 나보다는 조금 더 빠른 듯이 흘러가고 있겠네. 막판 스파트하듯 더 여유 있게 하루를 시작하고 늦게 마감하는 일상을 보내는지 궁금해. 아빠에 이어 나도 없는 허전한 우리 집을 지키며 엄마와 오순도순 보내고 있는지도 궁금하네. 신나게 한 번 노는 것도 무진장 재미있겠지만 가끔은 집을 지키며 엄마와 시간을 많이 보내줘. 엄마도 바쁜 일상을 보내지만 그러다 어느 날 바깥 볼일이 없는 날은 나 대신 엄마가 들을 수 있게 피아노도 신나게 쳐주면 좋겠어.

형이 준 시계랑 선크림도 아주 잘 쓰고 있어. 방수 시계는 뺐다 끼기 번거로울 땐 그냥 손을 씻어도 되니 좋고, 날짜와 요일이 나와서 하루하루 지나가는 것도 실감나네. 처음 입대한 후 며칠간 태풍이 불고 비가 왔는데 이제는 날이 개어 이른 아침에도 제법 햇볕이 뜨거운데 선크림이 있어서 좋더라. 잘 쓸게. 남은 방학도 잘 보내고 학교 잘 다니고 있어.

엄마, 아빠, 형. 모두가 평소와 다름없는 일상을 보내고 있겠네요. 제 걱정은 마시고 늘 건강 챙기며 즐겁게 하루하루 보내길 바랄게요. 기회가 되면 또 연락드릴게요. 충성!

둘째아들 세민이.

2015. 8. 2.

— 나의 아버지

입대 인사를 드렸던 것이 엊그제처럼 생생한데 전역을 앞두고 있다는 것이 실감이 나지 않습니다. 몸 건강히 다녀올 수 있을까 걱정도 많았지만 아무 탈 없이 집으로 다시 돌아갈 수 있어서 참 다행입니다.

이 부대에 올 때는 몸이 고생하는 곳이 아니라서 좋다는 생각뿐이었답니다. 하나하나 일을 배우면서는 몸을 쓰지 않는다고 해서 마냥 쉽지만은 않다는 생각이 들었습니다. 애써 밝게 꾸민 조명과 줄줄이 늘어선 컴퓨터 책상 앞에서 근무하며 보고하다 보니 하루가 어떻게 지나가는지도 모르게 흘러갔어요.

근무가 버겁게 느껴지는 날에는 같이 일하는 간부들이 대단하게 느껴졌답니다. 저는 때가 되면 제대하지만 저분들에게는 이곳이 평생직장이구나 싶어서요. 열심히 일히는 모습을 보면서 '우리 아버지도 회사에서 이렇게 힘들게 일을 하시겠구나.'라는 생각을 처음으로 해보았습니다. 간부들이 힘들어하듯 아버지도 힘들 때가 있었겠지요. 집에서 매일같이 볼 때는 느껴보지 못한 것들이 집을 나오고 나서야 느껴집니다. 작전실의 상황을 보며 내가 모르는 아버지 모습을 간접적으로 그려볼 때가 많았어요. 우리가 미처 느끼지 못했던 매 순간 정말 수고하셨고 감사하다는 마음을 처음으로 가져봅니다. 아버지, 고생 많으셨습니다.

전역하면 처음으로 사회에 발을 내딛게 됩니다. 걱정이 앞설 때도 있지만 기대하는 마음이 더 큽니다. 학교, 수업, 아이들처럼 내가 좋아하는 것을 볼 수 있는 곳으로 돌아간다고 생각하면 가슴이 떨리네요. 처음부터 배워야 하고 힘든 날도 있겠지만 잘 이겨 나가는 모습 보여 드리고 싶어요. 하루하루 군 생활이 익숙해지듯이 차근차근 사회생활도 익숙해지겠지요. 아버지 감사하고 사랑합니다.

2020. 4. 29.

전역을 앞둔 주현 올림

— 나의 어머니

평생 몇 번 쓰지 않던 편지를 이렇게 매일 쓰고 받는 훈련소가 어딨냐고, 시간제한 없이 통화할 수 있는 이런 군대가 언제부터냐고 놀라워하던 단기 교육을 끝내고 전역을 준비하는 시간이 왔네요.

늘 같은 시간에 전화를 받고 밥은 먹었는지 건강은 어떤지 물으시고, 나는 또 늘 같은 장소에서 당연하다는 듯 전화를 걸고 가족의 일상을 들으며 때로는 반가워서 웃기도 하고 때로는 너무너무 그리운 나머지 오히려 아무렇지 않게 대꾸도 하며 그렇게 1년 6개월의 시간을 보냈지요. 어머니에게 있어 지난 599일은 짧았는지 길었는지도 궁금합니다.

마지막 야근을 하며 동기와 함께 그동안 있었던 일을 하나하나 떠올려 보았답니다. 크고 작은 사건들이 나올 때마다 웃음이 나오더군요. 그게 반년 전이고, 그게 일 년 전 일이냐고 되물으면서 말이죠. 항상 짧다고만 생각했는데 하루하루 떠올려 보니 참으로 많은 일이 있었습니다.

내가 없던 우리 집에도 크고 작은 일들이 있었겠죠. 이제 집으로 돌아간다 생각하니 많이 설레고 궁금하고 기대된답니다. 모든 것이 군대 오기 전 그대로의 모습으로 있으면 얼마나 좋을까요. 짧지 않은 시간 동안 불편함에 익숙해져야 하는 환경, 나와는 다른 많은 사람 속에서 배우고 느낀 점이 참 많답니다. 아무런 문제 없이 잘 견디고 오리라고 생각했던 군대에서 이렇게 많이 배우고 느끼고 가다니 생각만으로도 신기합니다.

다양한 경험 중에서도 유독 훈련소에서의 화생방 훈련이 가장 기억납니다. 가스실에 들어가는 것은 저에게 잠깐의 시간이었지만 어머니께서는 그전 며칠부터 걱정하며 마음을 졸이셨지요. 비단 화생방뿐만이 아니라 군 생활 내내 군대에 있으면 군대에 있다고, 휴가를 나오면 사회에 있다고 긴장하고 신경을 써 주셨죠. 가스실에 들어갔을 때보다 들어가기 전이 더 힘들 듯, 군 생활을 하는 저보다 항상 걱정해 주신 어머니 마음이 더 힘들지 않았을까 생각이 듭니다.

어머니, 그동안 정말 고생 많으셨고 고마웠습니다. 앞으로 사회생활하며 어머니가 더 행복할 수 있도록 노력할게요. 사랑합니다. 어머니.

2020. 4. 29.

사회에 첫발을 딛게 될 주현 올림

간섭과 관심

큰맘 먹고 전화번호부를 정리했다. 내가 먼저 안부를 묻거나 만나기도 하는 사람들과 자주 연락은 안 하더라도 마음이 가는 사람들을 실선과 점선으로 구분했다. 내 처사만 기다리는 이름은 좀 미안하긴 해도 미련 없이 삭제했다.

마침 코로나19로 부득이 결혼식을 미뤘다가 이제 하게 되었다는 문자가 왔지만 그가 누구인지 모른다. 이렇게 전화번호를 정리하고 나니 예전처럼 애가 쓰이지도 않는다. 내 마음 어느 구석에서 생긴 용기인지 담담해진 스스로를 칭찬한다. 그 후에도 몇 번 더 인사 문자가 있었지만 편안하게 무시했다. 상대방이 모르는 나만의 비밀 같은 것, 느닷없는 정리였지만 그 바탕에는 나름의 합리화가 든든한 울타리가 되어 나를 흔들리지 않게 지탱한다. 부르는 데마다 가지 않으니 시간은 여유로워지고 무엇보다 지출이 줄어들었다.

모든 일을 그리했다. 맞닥뜨리는 일마다 외면하지 못하고 내 일처럼 덤볐다. 마음을 쓴다는 핑계로 관심과 간섭의 경계를 무수히 넘나들었던 것이다. 그런 열정은 오지랖이 되어 때때로 의외의 서운한 말을 들을 때도 있었다. 그럼에도 그만두지 못했다. 그 또한 나의 성정인 것을.

사람에게 받은 상처는 시간이 지나 아물기도 한다. 억지로 아문 자리는 겉보기에만 멀쩡하다. 그녀가 잘살고 있었다면 내 마음이 편했을까? 거절하지 못하는 성정 탓에 오랫동안 그녀의 금전적인 부탁을 내치지 못했다. 그녀는 당연한 듯 미안해하거나 어려워하지 않았다. 때로는 그이에게도 서슴없이 도움을 청하곤 했다. 새삼 내 기분을 말해 무엇하랴마는 퍽 난처했다. 거기다가 그녀의 어머니까지 심심찮게 돈 말을 꺼낼 때는 내가 왜 이러고 있는지 회의마저 들기 시작했었다. 그럼에도 선뜻 내치지 못하고 관계를 유지했는데 그녀로부터 나온 뜻밖의 서운한 말을 듣고는 우리의 인연은 여기까지라며 단호히 관계를 정리했다. 그러고는 십오 년의 세월이 흘렀다. 들리는 소문에는 여태껏 홀로서기를 하지 못하고 여기저기 도움 받을 곳을 기웃거리며 그 와중에도 내 연락처를 물어본다는 것이다. 나는 속으로 절레절레 고개를 저었다.

무엇이 문제였을까? 그간의 관계를 생각하니 모두 다 부질없다는 생각뿐이다.

호기롭게 전화번호부의 명단을 정리한 이후로 쓸데없는 간섭은 물론 이유 없는 관심도 두지 않으려 조심하면서 몇 달을 지냈다. 그간에 인짢있다 싶던 일들을 털어버리고 억지로라도 무관심하게 지내오는 동안 진에 느끼지 못했던 편안함까지 더한다. 이참에 사소한 일까지도 외면하지 못했던 연민과 물질의 도움까지 눈 질끈 감아버렸다.

큰아이의 교직 생활이 두 주째다. 예전의 나 같으면 사랑이라는 미명으로 더할 나위 없는 간섭과 관심을 마구마구 쏟아부을 판이건만, 느긋하게 몇 걸음이나 뒤에서 바라보고 있다.

아들은 모든 것이 처음 해보는 것들이다. 코로나19로 학생들과의 온라인 수업은 물론, 스스로 밥을 해 먹는 것도 처음이다. 재활용 수거는 말할 것도 없고 집안 정리 또한 그렇다. 대학을 졸업하고 군 복무를 마치자마자 임용고사를 거쳐 발령받기까지 아들에게도 치열한 시간이었다. 군 생활의 경험이 크게 도움이 된다니 다행이다. 스스로 경험하고 적응하며 익히는 것이 내 도움보다 더 빠른 습득이 될 것이다. 그러다가 옳고 그름이 자리 잡아 단단해지겠지.

월급을 받았단다. 그 또한 처음이라 사뭇 들뜬 목소리가 바로 옆에서 들리는 것 같다. 이제부터는 아들에게도 철저한 방관자가 되려 한다. 정한 틀에서 벗어나지 않으며 매사 올곧을 거라는 믿음만 갖자. 간섭과 관심의 경계를 그어가며 아이의 결정을 존중하고 바라볼 일이다.

얼굴 마비되다

뺨을 감싸듯 지그시 눌러본다. 부풀어 오른 오른쪽 뺨은 아무런 감각이 없다. 그저 무지근할 뿐이다. 깨질 듯 머리가 아프더니 덩달아 눈알이 빠질 듯한 통증이다. 이내 호흡은 가빠지고 빠른 맥박에 온몸의 기운이 일시에 다 빠져나가는 것만 같다. 나는 극도의 긴장으로 겁에 질렸다.

응급실 혈압계의 붉은색 숫자가 깜박깜박 경고를 보낸다. 내 눈앞에서 근래 몇 달간 서울과 부산, 병원과 두 집을 종종걸음으로 뛰어다니던 내 모습이 서성인다. 그래, 여기는 서울이다. 내가 사는 부산으로 내려가야 한다. 우선은 혈압이 내려가는 것을 확인한 후에야 응급실을 나올 수 있었고 부산으로 내려왔다.

이미 나는 지칠 대로 지쳤다. 눈을 떠도 감아도 사방이 빙빙 돌았다. 차라리 눈을 감는 게 낫다. 세상만사가 귀찮다. 그대로 땅속으로라도 숨고 싶다. 그러나 무감각해진 뺨과 혈압을 그대로 둘 수는 없는 것. 행여 친정 식구들이 알면 걱정할 걸 염려하여 그냥 지내다 사흘이나 지나서야 어쩔 수 없이 내 상황을 알렸다. 놀란 언니가 한달음에 한방병원으로 달려왔다. 나이 지긋한 한의사는 목 뒤를 몇 번이나 찔러 피를 빼고 얼굴에 침을 꽂는다. 부석부석한 내 얼굴에 아무런 반응이 없는 모양이다.

'안면신경마비.' 의사가 내린 내 병명이다. 안면 마비라는 말에 몹시 충격을 받았다. 얼굴 근육을 움직이는 안면 신경에 문제가 생겨 얼굴을 움직일 때마다 양쪽이 서로 비대칭이 되어 일그러지는 것이 안면 마비가 아닌가. 특별한 유발 원인을 찾을 수도 있지만 특별한 원인이 없을 수도 있다는데, 원인이 없는 경우를 특발성 안면 마비, 즉 '벨 마비'라고 한단다. 지금의 나처럼 갑자기 안면 마비가 생기는 경우를 말하는 것인데 진찰과 검사를 받아도 그 원인을 발견하기 어렵다는 것이다. 그저 극도의 스트레스만이 원인이라 한다. 참고하자면 벨 마비는 영국 의사인 찰스 벨의 이름을 따라 붙여진 진단명으로 안면 마비 중 가장 흔해서 일반적인 의학용어가 되었다고 한다.

여전히 오른쪽 뺨의 감각이 무디다. 의사는 무딘 내 뺨 위에다 무수히 전기침을 꽂는다. 꽂힌 침이 외려 내 어리석음을 쿡쿡 쑤셔대며 나무라는 것만 같다. 그동안 내 몸을 돌보지 않고 혹사한 책임을 나에게 묻는 것 같았다. 서럽고 한심한 생각에 하염없이 눈물을 흘렸다.

시어머니는 폐암으로 투병 중이나. 뇌로 전이된 암세포는 당당하고 위엄 있는 어머니를 일순간 넘어뜨렸다. 주위의 도움 없이는 거동도 못 했다. 내가 어머니를 돌보는 처지가 되었다. 어머니 집과 우리 집을 오가는 두 집 살림이 힘에 부친 나는 차라리 어머니를 우리 집으로 모시자 했으나 당신은 거처하던 집이 편하다며 기어이 고집을 부렸다. 체수가 큰 어머니를 침대에서 일으키거나 휠체어에 앉히거나 화장실 가기 등 어느 것 하나 쉬운 일이 없었다. 그렇게 한바탕 치르고 나면 나는 거의 쓰러질 지경이 된다. 결국 입원하여 방사선 치료까지 병행했으니 말이다. 안면 마비로 기어이 나를 자빠뜨리고야 만 것이다.

어머니는 몇 차례의 힘든 방사선 치료를 그런대로 잘 견뎠다. 당연히 가족 모두가 어머니의 회복을 기대하고 있었다. 그러나 우리의 염원과는 다르게 어머니에게 들러붙은 암세포도 저희들끼리 똘똘 뭉쳐 단결했다. 낫기 위한 어머니의 분투와 훼방을 놓는 암세포가 서로 팽팽하게 대치하여 싸우는 것이다. 마침 그 무렵 시간이 넉넉한 시동생과 함께 바쁜 그이를 대신해 병구완을 맡은 내가 안면 마비로 나자빠진 지금도 그 전쟁은 진행 중이다.

내 병상 옆으로 잘 정돈된 침대마다 환자들이 누워 있다. 저들 역시 저들에게 떠안긴 삶의 무게가 버거워서 어딘가 허물어지고 부서진 육신과 마음을 바로잡으러 왔을 것이다. 좀 어떠냐는 의사의 물음에 나는 아직도 감각이 없다고만 답했다. 조급한 생각은 삼가고 편안한 마음을 가지라는 의사의 말이 나를 슬프게 한다. 꽂힌 침 사이로 눈물이 골을 만든다.

제법 여러 날을 치료했다. 고개를 들 수 없을 만한 두통과 구름 위를 걷는 듯한 어지럼증이 표나게 줄어든다. 그제야 한시름 놓인다. 침의 효과 덕분인지 얼굴 움직임이 한결 편해졌다. 핏기 없던 얼굴에 화색이 돈다. 무딘 감각이 되살아났는지 침을 놓을 때마다 그간 못 느꼈던 통증이 느껴진다. 제법 아프기까지 하다. 나도 모르게 움찔했지만 기분 좋은 반응이다. 조금 여유를 찾은 듯 이곳저곳 병원을 찾아다녔던 날을 찬찬히 떠올려 본다. 그 막막하고 두려웠던 시간이 스쳐간다. 한편으로는 내 몸의 소중함을 새삼 깨달은 시간이기도 했다.

가만 오른쪽 뺨을 쓰다듬는다. 따스한 내 손의 온기를 내 뺨이 알아본다. 병실 벽에 걸린 거울 속 내가 웃고 있다. 길고 어두운 터널을 빠져나온 나를 내가 위로한다.

어떤 독립선언문

김주현은 규칙적인 소득 발생 6개월 안에 독립한다.

김주현은 독립을 이유로 이현미에게 어떠한 재정 지원을 받지 않는다.

만일 금전적인 거래가 있을 시 채무관리는 명확히 한다.

큰아이가 난데없는 독립선언문을 쓰겠단다. 어이없어 하는 나를 아랑곳하지도 않은 채 제법 진지하다. 몇몇 항에서는 아들의 단호함마저 읽힌다. 서로 인적 사항까지 기록하고 서명한 후 피차 비장하게 독립선언문을 마무리했다.

얼마 전이었나. 밥을 먹다 말고는 꼭 할말이 있다며 전에 없이 뜸을 들였다. 혹시 여자 친구가 생겼나? 지레 행복한 나의 상상을 와장창 깨부순 것이 바로 저 독립선언문이었던 것이다.

순간 당황할 수밖에. 겉으로는 그런 기색을 숨겼으나 속마음은 복잡했다. 집 놔두고 굳이 독립하려는 이유가 무엇인지, 서운함까지 보태어진 내 말이 취조라도 하는 듯 거칠고 빨라졌다. 도무지 세상 물정 모른다는 내 말에 오히려 서운해진 아들의 답도 내 귀에는 영 신통찮았다. 스물네 살이 되도록 부모님의 도움을 받는 게 죄송스럽다는 것이다. 규칙적인 소득이 발생하는 6개월 안이라는 독립 시기는 그래서 만들어진 것이란다. 제 딴에는 집을 알아보고 다녔는지 핸드폰에 담긴 원룸 사진들을 보고서야 섣부르게 그냥 하는 말이 아님을 알았다.

아들의 독립선언은 예전의 나와 시어머니를 떠올리게 했다. 그때 시어머니는 아들을 독립시킬 준비가 조금도 되어 있지 않았다. 당연히 며느리를 맞이할 준비도 안 되어 있었다. 당시 시어머니가 마흔아홉이니 지금의 나보다 훨씬 젊었다. 며느리에게 아들을 뺏긴 심기를 원색 그대로 적나라하게 드러내며 작정이라도 한 듯 시집살이를 시켰다. 차마 뉘게 발설 못 할 별의별 문제가 다 생겼다. 당최 나아지거나 진정될 기미라고는 보이지 않았다. 내 신혼의 날들은 그렇게 바늘방석이었다.

나는 집안 어디에서도 융화 흡수되지 못하는 그야말로 물위의 기름, 데려온 자식 같았다. 나를 뺀 가족들이 그이와 함께 큰방에 들어가서는 나올 줄을 모르니 그럴 때마다 거실에 우두커니 혼자 앉아 있는 내 모습이 초라했다. 항상 누구에게 쫓기는 듯 불안했고 심장은 방망이질하듯 두근거렸다. 급기야 이혼을 들먹여보았으나 임신으로 맥없이 주저앉고 말았다.

그이는 내 편이 되지 못했다. 이미 나이 든 어머니의 변화를 기대하는 것은 불가능한 일이라며 젊은 우리가 맞춰야 한다고만 했다. 며느리의 입장 같은 건 애초부터 저만치 밀쳐두고 있었던 모양이다.

아들의 독립선언을 계기로 나의 독립을 생각하게 되었다. 아들은 다만 경제와 주거의 문제를 제시했지만 그것은 아들의 문제일 뿐이다. 나의 독립은 주거와 경제에 더하여 정신적으로 독립하는 것을 보태야만 한다. 아들에게서 나를, 나에게서 아들을…, 또한 그간 나를 억누르던 모든 것으로부터. 다음 날이다. 아침 인사를 한 아들은 행여 엄마가 상처받았을까 염려로 잠을 설쳤단다. 대견한 아들, 다 컸네. 그러다가도 내심은 마누라 눈치 모르는 효자 아들이나 된다면 저를 어쩌나? 참말로 생뚱맞은 생각으로 혼자 웃었다.

아들은 지금 교생 실습 중이다. 집을 나서는 단정한 뒷모습을 보는 내 가슴이 다 설렌다. 독립선언문이 유효하여 아들이 독립한다 해도 그날까지는 내가 누릴 호사인 셈이다. 오늘따라 아침이 상쾌하다.

아껴뒀다 어디 쓸라고

영국 다이애나비 사망 20주기 다큐멘터리를 보고 있다. 두 왕자 윌리엄과 해리가 출연한다. 당시 열다섯과 열두 살이던 그들은 때마침 사촌 형제들과 놀던 중이라 어머니와의 통화에 집중하지 못하고 황급히 끊어버렸다는데 그게 마지막 통화가 될 줄 몰랐다며 몹시 후회스러워한다. 다큐멘터리를 보다 말고 새삼 오래전부터 철칙처럼 지켜 오는 나의 다짐을 떠올렸다.

제법 오랫동안 날마다 그랬다. 늦은 밤 윗집 세탁기 돌아가는 소리가 어찌 그리 시끄러운지. 그럼에도 꼭 이 시간에 세탁기를 돌려야 하는 무슨 이유라도 있겠지 하고는 참고 있었다. 그때는 아이들이 어려서 집에서 보내는 시간이 많았다. 어느 날, 현관문을 발로 툭툭 차는 소리에 문을 여니 윗집 정은이다. 그날부터 정은이는 매일이다시피 우리 집에 왔다. 6학년인 오빠가 있지만 또래와 노느라 1학년인 동생은 안중에도 없다. 다행히 내 아이들도 정은이를 잘 따랐다. 한날에 넌지시 엄마에 대해 물었더니 식당에서 늦게까지 일을 한단다. 아마도 늦게 귀가하여 아이들의 먹을거리를 챙기고 밀린 빨래를 하느라 물 내려가는 소리가 벽을 타고 내린 모양이다. 묻지도 않았건만 아빠는 엄마랑 싸운 뒤 오토바이를 타고 나갔다가 사고로 죽었단다. 정작 아이는 간식까지 먹으며 아무렇지 않게 말하는데 내 가슴이 철렁 내려앉는다. 간식을 다 먹은 아이가 다시 말을 잇는다. "엄마가 익수로 후회했어요. 화를 내며 나가는 아빠를 붙잡지 않았는데 그게 마지막이 될 줄 누가 알았겠느냐고 했어요." 여전히 남의 말 하듯 무덤덤한 아이다.

그 일 이후부터 나는 체기 같은 안쓰러움에 해 질 무렵이면 두 아이를 불러 밥을 먹였다. 집에 가면 숙제하고 꼭 씻고 자라는 당부도 잊지 않았다. 밥까지 챙겨 먹였으니 늦게 오는 엄마 대신 잔소리쯤은 괜찮겠지. 그들 가족의 버거운 삶이 묵직하게 전해졌다. 남매를 챙기는 중에 어쩌다 한번 그 엄마와 마주쳤지만 둘 다 무슨 말을 나누지는 못했다.

내 마음의 한 가지 다짐이 바로 이때부터 생겼다. 아, 지금부터 나는 우리 가족 누구든 집에서 나갈 때는 웃는 낯으로 배웅하리라는 바로 그 다짐이었다. 행여라도 상한 마음인 채 보낸 뒤 돌이킬 수 없는 후회를 하고 싶지는 않다. 그것은 지금도 앞으로도 변함없을 나만의 철칙이다.

더러는 아들 둘인 나에게 힘들어서 어찌 키우느냐는 말을 한다. 어떤 이는 고개를 내젓고 몸서리치는 시늉까지 하고는 보통 일이 아니라며 오히려 염려한다. 두 아들을 키우며 한번도 목소리를 크게 내 본 적이 없다. 늘 웃는 모습으로 배웅하고 반가운 마음으로 맞았다. 그이도 마찬가지이다. 나로 인해 회사 업무에 지장이 있을까 온 마음을 다한다. 뜻하지 않게 언짢은 일이 있어도 아파트 밖으로 차가 빠져나가기 전에 얼른 전화를 걸어 마음을 풀어준다. 물론 내키지 않을 때도 있지만 통화를 하고 나면 뭔가 손해 본 듯한 생각은 사라지고 편하게 콧노래를 부른다.

마음속에 담아 둔 말이 천금인들 누가 알까. 보고 싶으면 보고 싶다고 말하고 때때로 사랑한단 말도 아끼지 않는 나이지만 그럴 때마다 그이는 여전히 묵묵부답이다. 그놈의 경상도 남자는 다 그런다는 말을 벼슬처럼 입에 달고 산다.

지난 주말에는 친정의 일곱 남매가 부부 동반하여 거제도 여행을 다녀왔다. 좀체 함께 모이기 쉽지 않았던 터라 의미가 있었다. 진행을 맡은 동생은 이번 여행의 주제를 사랑과 존경이라 정하며 특별히 큰언니와 큰형부를 들먹인다. 주말이면 언니의 아이들과 일곱 명의 조카들, 게다가 동생들의 배우자까지 스무 명 가까이 되는 많은 식구들이 언니 집에 모였다. 늘 그랬다. 신문지를 넓게 펴고 삼겹살을 구워 빙 둘러앉아 있는 아이들 먼저 배부르게 먹이고 어른들이 앉았다. 오고 가는 대화가 왁자했던 그 시간이 그리운 것은 언니의 희생이 있었기에 가능했다. 지금은 모두 성장하여 일자리를 찾아 떠나고 없는 조카들의 수만큼 언니는 약을 달고 산다. 부모와 진배없는 큰언니 부부의 사랑이다. 우리 집안의 역사를 꿰차고 있을 큰형부에게 존경한다는 말도 잊지 않는다. 나머지 모두 다 같은 마음이나 마음속에 담아둔 채 쉽사리 꺼내지 못한 귀한 말이다.

언니인들, 동생들 반찬을 챙겨 보낼 때마다 형부 눈치가 안 보였을까. 싫은 소리 한 번 안 하는 형부에게 미안했을 언니 마음을 그때의 언니 나이가 되어서야 알게 되다니. 여자에게 친정은 무슨 일이든 신경 쓰이지 않던가. 그럼에도 한결같이 아버지 같은 형부이고 엄마 같은 언니였다. "우리 매형." 하고는 형부의 흰머리를 매만지는 오빠의 마음을 잘 안다. 존경하고 고맙다는 말만 어렵사리 하고는 다시 묵묵하다. 그간 쑥스러워 입 밖으로는 못한 말이라며 언니가 가족 방에 대신 올려준 오빠의 마음

속 말이다. '사랑하는 우리 매형, 건강하게 오래오래 사셔야 합니다.'

표현하지 못하고 마음속에 숨겨 둔 말을 상대방이 알리 없다. 그 누구라도 내 곁을 떠난 후 미처 전하지 못한 말을 남겨 후회하고 싶지 않다. 도대체 고맙다는 말도, 미안하다는 말도 해본 적 없는 간 큰 남자 그이에게 오늘도 다그쳐 본다. 그러다가 나중에 후회한다고. 아껴뒀다 어디 쓸 거냐고.

2부

슬픈 대화

혼魂

망자의 극락왕생을 기원하는 무속 진도씻김굿은 소복 차림의 처연함으로 시작된다.

씻김굿은 망자가 이승에서 맺힌 원한이나 미련 등 이생에 남은 것들을 씻어주어 편안하게 저세상으로 갈 수 있도록 기원하는 천도굿이다. 죽음을 맞이한 초상집에서 행해지는 절제되면서도 단아한 춤사위와 구슬픈 애조의 무가 등은 예술성이 짙은 문화유산이 되었다.

씻김굿의 종류는 참으로 많다. 초상이 났을 때 시신 옆에서 하는 굿을 '진씻김'이라 하고, 집안에 우환이 있거나 좋지 않은 일들이 자주 일어날 때 날을 잡아서 하는 굿을 '날받이 씻김굿'이라 한다. 그뿐만 아니라 물에 빠져 죽은 망자의 넋을 건질 때 행하는 '넋 건지기 씻김굿', 처녀와 총각으로 죽은 망자끼리 혼인을 시킬 때의 '사혼 씻김굿', 비석을 세우거나 집안의 경사가 있을 때의 '영화 씻김굿', 객사하여 고혼孤魂이 된 망자를 위하여 행하는 '혼맞이 씻김굿'과 '제삿날 씻김굿' 등등이 그것이다.

씻김굿에서 무당을 당골네라고 한다. 하룻밤 내내 걸리는 씻김굿의 의례 중 특히 '길 닦음'이란 대목에서 절정을 이루는데 끊어질 듯 애절하게 이어지는 당골네의 곡조는 보고 듣는 사람들의 눈물샘을 자극한다.

고향이 진도인 친정엄마는 평생을 벌렁거리는 심장을 다독이며 실았다. 시어머니 시집살이가 날이 갈수록 심해진 탓이다. 오죽이면 알음알음으로 몰래 아편을 사서 먹기도 했을까. 종내는 홧병을 앓는 지경이 되고 말았다. 견디다 못해 당골네를 불러 굿을 했다. 밤이 새도록 굿판이 벌어졌다. 당골네의 구슬픈 가락은 장구와 북, 꽹과

리의 높고 낮은 소리를 용케도 뚫고 내 가슴팍을 후벼 팠다. 엄마의 병을 낫게 하겠다는 절박한 굿판이지만, 문밖 사람들이 듣기에는 무슨 술판이 벌어진 줄 알 터이다. 목청껏 노랫가락에 한을 싣는 당골네도, 한 맺힌 노랫가락에 휘청거리는 우리도, 굿판이 절정에 다다름에 따라 기진맥진하기는 매한가지였다. 비록 어리긴 했으나 굿판이 못마땅했던 내심은 이미 온데간데없다. 그저 조상님들의 보살핌으로 우리 엄마의 명줄이 길어지기만을 바라고 빌며 두 손을 모을 뿐이었다.

그렇게 한판 굿이 끝나고 나면 신기하게도 모든 상황은 어제하고 다른 오늘이 되었다. 그러나 그리 오래가지는 않았다. 또다시 굿판을 벌였고 잦은 굿판으로 당골네 일행과 우리는 묘한 유대 관계가 맺어졌다. 무당은 엄마의 명을 늘려 주는 신과도 같았다. 그러나…, 어느 날의 굿판은 결국 엄마의 천도를 비는 씻김굿이 되고 말았다.

부디 아픔 없는 곳으로 가라 했다. 이생의 무거운 짐 다 내려놓고 나비처럼 훨훨 날아가라 했다. 평생 피붙이에 매였던 몸뚱이, 천근만근 걸음걸음, 다시는 뒤돌아보지 말고 원하는 곳, 가고 싶은 곳으로 훠이훠이 가라 했다. 지긋지긋한 두통에서 해방되고 사시사철 가슴팍을 두드려대던 방망이일랑은 저 멀리 던져버리라 했다. 새끼들 걱정도 말고 홀가분한 마음으로 원 없이 다니라고 엎드려 절을 하고 또 했다. 일어서기조차 힘들 만큼 다리는 뒤틀리고 울다 짓무른 눈은 뻑뻑해졌다.

엄마는 당골네의 입을 빌려 당신의 마음을 전했다. 우리를 지켜준다고 했다. 무탈하여 복을 누리게 한다고 했다. 남은 가족의 평안을 위한 엄마의 염원은 생쌀이 수북하게 담겨 있는 밥그릇에 담겨 있고, 소란한 대나무의 흔들림에는 엄마의 혼이 실려 있었다. 나는 당골네의 애가에 깊숙이 빠져들어 헤어나지 못했다.

씻김굿처럼 온몸에 전율을 일으키는 그런 혼이 또 있다. 해인사의 팔만대장경이 그러하다. 팔만대장경이 있는 장경판전 네 채의 건물은 뒤쪽의 막힘과 앞쪽의 열림으로 공기의 흐름을 조절하였고 건물 안의 습도를 적당히 유지한다. 그 지혜로움은 감탄을 불렀고 순간 온몸이 쭈뼛했다. 마치 씻김굿에서 당골네의 노래를 듣는 듯 대

나무의 흔들림이 느껴진 듯했다.

팔만대장경을 새긴 경판의 가공 과정은 그 공이 너무나 절절하여 온몸을 전율케 한다. 소금물을 이용해 표면이 마르는 것을 조절하고 경판이 휘어지지 않게 네 모서리에 구리판을 덧댔다. 이는 인쇄할 때 경판의 취급이 편하도록 만든 손잡이인 동시에 보관할 때 다른 경판의 글자 부분과 서로 맞닿지 않도록 해 주는 역할이라고 한다. 지금껏 부식된 경판이 하나도 없는 것은 그토록 많은 사람의 손길을 거치는 동안에도 쉼 없이 불어넣었을 그들의 혼, 그것이 더해졌음이리라.

십육 년이나 걸려 만들었다는 팔만대장경은 한 사람이 쓴 듯 서체가 일정하다. 한문에 능숙한 사람이 하루에 여덟 시간씩 삼십 년을 읽어야 모두 볼 수 있다 한다. 경전의 내용 역시 후대의 안녕을 바라는 마음 그것이 아닌가. 한 글자 한 글자 그렇게 흐트러짐 없는 염원으로 만들어져 지금 그 앞에 선 나를 숙연하게 한다.

가야산 소리길이 깊고 그윽하다. 물소리의 청량함이 나를 깨우고 발걸음을 더디게 한다. 문득 떨어지는 마른

낙엽의 몸짓 따라 엄마의 혼이 내 앞서 걷는다. 소리길을 걷는 내내 나와 동행한다.

큰언니

반 친구들 사이에서 나는 큰언니로 통했다. 그 또래에 있을 법한 자질구레한 고민을 싹 해결해서 그리 불리는 것이다. 이성 교제는 물론, 단발머리와 교복 치마 길이에 이르기까지 그때그때 상황에 따라 해결사 노릇을 했다. 평소에 보자기와 가위를 학교 사물함에 두고 다녔으므로 귀밑 일 센티미터 정도는 그야말로 누워서 떡 먹기였다.

그뿐인가. 육십 명이 훨씬 넘는 반 친구들에게 각각 10

원씩을 받아 두통약과 대일밴드, 가끔은 생리대도 사다 두었다. 그것들은 특히 시험 기간에 매우 요긴하게 쓰였다. 별로 큰 경비 부담이 없는 내 전략에 반 친구들 모두 우와! 하며 박수를 쳤다.

학교에서 큰언니 노릇을 하는 것과는 달리 집안에서는 3남 4녀의 다섯 번째이고 막내딸이다. 그 시절 대개 그렇듯 형제가 많아 필요한 것이 있어도 누구 하나 큰소리로 요구하지 않았다. 오순도순 쓸 것 먹을 것을 서로 나누니 마음은 넉넉하여 덜 먹어도 배가 불렀다.

엄마는 큰언니를 낳고 7년이 지나서야 둘째인 오빠를 낳았다. 대한민국에서 아들을 혼자 낳은 듯 좋아했다고 한다. 긴 여백을 메우려 했음인지 그 터울을 이어 알밤 같은 아들딸이 연이어 태어났다. 당연히 큰언니가 엄마를 도와 여섯 동생을 돌보고 집안일을 거들어야만 했다. 큰언니는 이미 어린 나이에 장차 가볍지 않을 자기 삶의 무게를 짊어지기 시작했다.

여느 엄마들처럼 일곱 자식을 별스럽게 예뻐하여, 밥을 안 먹어도 배가 부르다며 함박웃음을 짓던 엄마는 쉰

다섯 나이에 쓰러져 영영 우리 곁을 떠났다. 그때 큰언니 나이 서른다섯이다. 엄마를 잃었다고 슬퍼하며 분분할 겨를조차도 없었으리라. 아버지와 함께 엄마의 빈자리를 메꾸기에도 바빴다. 행여 동생들이 모라도 나면 어쩌나, 손발이 닳도록 부지런히 다듬고 손질한 덕분인지 우리는 하나둘 제자리를 찾아갔다. 큰언니는 성장한 동생들의 결혼식을 치를 때마다 그다음 차례를 마음속으로 미리 준비하고 있었단다.

내가 친구들의 이성 문제를 내 멋대로 명쾌하게 해결하였듯 큰언니의 동생 결혼시키기 작전 또한 남들이 보기에는 수월해 보였는지도 모른다. 한 번 치르기도 어려운 일을 여섯 번이나 거뜬하게 치렀으니 말이다. 그러나 그때마다 큰언니는 남몰래 속이 타들지 않았을까. 엄마 없는 빈자리를 표 내지 않으려 얼마나 노심초사하였을지.

제 자식인 양 동생들의 짝을 지어 준 큰언니는 마지막 차례인 남동생 결혼식 때는 하객의 축의금을 받지 않겠다고 우리에게 선언하듯 말했다. 엄마 안 계신 빈자리를 염려와 격려로 지켜봐 주신 친척들에 대한 고마움의 표

시였다. 아무도 미처 생각하지 못한 일이지만 우리는 흔쾌히 고개를 끄떡였고 큰언니는 차분하고 만족스러운 미소로 우리 형제들을 둘러보았다. 역시 큰언니였다.

가짜배기 의사가 되어 진통제며 일회용 밴드로 반 친구들의 큰언니 노릇 하던 나와는 격이 다른 진짜 찐 큰언니이다. 감히 흉내 낼 수 없는 큰언니의 품 앞에서, 걸핏하면 실밥이 풀어진 듯한 내 삶이 때로는 부끄럽다.

지금도 큰언니를 찾으면 먹을거리 한 가지라도 더 싸주느라 마음도 분주하고 손도 바쁘다. 굳이 사양하는 내 모습은 그저 철없는 어린 동생으로 큰언니 눈에 비칠 뿐이다.

“언니, 나도 밖에 나가면 나름 큰언닌데?”

자랑삼아 은근히 눈빛을 세운다. 하지만 큰언니의 반응은 이런 나를 또 어린애 취급한다.

“에구! 다들 일나나 시원찮으먼… 아서라.”

뒷말은 흐리지만 나는 큰언니의 마음을 안다. 큰언니는 오랜 가뭄에도 마르지 않는 샘물 같은 사람이다. 다만 내가 바라기는 그 발치에라도 따라 살 수 있다면야.

돈, 너 참

이즈음 은행 이율은 예전에 비해 턱없이 낮다. 한때 받으면서도 과분했던 36%대에 비교한다면 말이다. 오래전 일이지만 어제 일처럼 숫제 그립기까지 하다.

결혼하고 얼마 되지 않을 무렵 우연한 기회에 펀드매니저의 제안을 받았다. 높은 이율에 두 귀가 솔깃해지며 신바람이 났다. 필시 나를 위한 특별 혜택인 것 같아 착실한 그이만 설득하면 나는 당장 부자가 될 듯했다.

마음이 바빴다. 그이는 높은 이자의 위험을 이해시키

느라 목에 힘을 주었고 나는 그런 그이를 설득하느라 미간에 힘을 주었다. 당최 난공불락일 것 같은 그이가 며칠의 고심 끝에 마지못해 허락해 주었다. 마음이 내켜서라기보다 따라다니며 졸라대는 내 꼬리를 그만 잘라내고픈 심정이었음을 잘 안다. 마치 짐을 꾸려 이사하듯, 소박한 동네 은행에서 인출한 돈을 들고 출입문부터 으리으리한 펀드 회사로 옮기고 나니 신분까지 바뀐 듯 금방 뭔 일이 생길 것 같았다. 만기가 되기를 기다리는 동안 원금과 이자로 두둑할 목돈에 콧노래가 절로 나왔다. 매달 이자를 찾을 수 있었으나 그대로 두었다. 한꺼번에 받을 목돈의 감각으로 손안이 묵직했다. 머릿속에서 새로 장만할 컴퓨터와 아이들 피아노가 나를 따라다닌다. 이 방에서 저 방으로 옮겨보고 다시 거실에 놓아본다. 창문에 가려 답답하다 싶으면 위치를 바꾸면 그만이다. 머릿속에서 하는 이사는 아주 간편했다. 혹 마음에 안 들어 바꾸고 싶을 때는 고개만 흔들어 주면 금세 새 자리로 옮길 수 있다.

만화방창 금수강산 같은 내 머릿속 그림은 그리 오래 가지 않았다. 순식간에 은행이 없어지고 심상치 않은 바람이 불어왔다. 행여 태풍으로 변할까 몹시 조마조마하면서도 며칠만 며칠만 하고 버텼다. 참으로 간절한 며칠만이었다. 만기 인출이라는 고지가 바로 눈앞에 와 있는데 중도해약이라는 오명을 덮어쓸 이유도 용기도 없었다. 도저히 손해 보기는 싫었다. 그 며칠 동안 나는 숨쉬기조차 힘들었고 어느 날은 아이들의 피아노 건반 수만큼이나 한숨을 쉬었다.

하루하루 흡사 고문처럼 고통으로 힘겹게 보내던 그날, 다급한 전화 한 통을 받고는 그만 털썩 주저앉고 말았다. 만기일까지는 딱 3일밖에 안 남았건만 전화 속 남자는 모닝콜 멜로디처럼 똑같은 말을 반복하고 있었다. 도무지 알 수 없는 낯선 말들이었다. 터무니없는 내용에 나와는 상관없는 일이라며 전화기를 내려놓았지만 심장은 왜 그리 방망이질인지.

그이와 함께 펀드 사무실을 찾아갔다. 엄청나게 사람들이 줄을 서 있다. 그 줄 어디에는 평생 일하고 받은 퇴직금도 있다. 그들 성난 사람들 속에 나도 끼어들 수밖에는. 나의 전 재산은 보잘것없는 푼돈에 불과했다.

나는 말 그대로 입이 있어도 무용한, 한마디도 할 수 없는 죄인이 되었다. 아직 젊고 건강하니 새로 시작하면 된다는 그이의 위로는 한낱 죽죽 늘어지는 카세트테이프 소리일 뿐이었다.

그때 든 시커먼 멍이 내 마음속 깊은 곳에 화산재처럼 쌓여갔고, 얇아질 조짐 같은 건 세월이 가도 도통 안 보였다. 쉬이 잠들지 못하는 밤은 그나마 낮보다는 견딜 만했다. 낮이 되면 자동차의 걸쭉한 경적과 사람들의 웃음소리, 지나가는 여인네의 또각거리는 구두 소리 등 모든 것이 훼방꾼이었다. 식구들의 삼시 세끼는 물론 하다못해 집 안의 수돗물 소리까지도 귀찮아졌다.

십 년이 훨씬 넘은 지금까지도 그 계약서를 버리지 못한다. 행여 그이가 볼까 용케도 잘 숨겨 왔지만, 그때의 아픔은 세월이 흘러도 만만치 않다. 대체 어느 만큼 날을 더 보내야 가슴속에 쌓인 멍이 없어질까? 사람들은 세월이 약이라고 쉽게 말하더라만 돈, 너 참 대단하다. 세월을 이기다니.

염치불고

엄마가 위독하다는 연락을 받았다. 행여 얼굴도 못 뵌 채 돌아가시기라도 하면 어쩌나, 기도하는 심정으로 제주행 비행기를 탔다. 속속 도착한 가족들로 하여 병실은 사뭇 어수선했다.

막내딸 왔다는 소리에 힘겹게 눈을 뜬 엄마가 희미하게 웃으며 나를 바라본다. 비록 말은 없으나 엄마의 마음이 보였다. 이제 막 사회생활을 시작한 딸에게 보내는 염려와 응원의 눈빛이 읽혔다. 나는 염려하지 말라며 한참 동안 앙상한 엄마의 손을 잡아 주었다.

한고비를 넘긴 엄마를 두고 부산으로 돌아왔다. 마침 중환자실 근무였다. 막 출근하자마자 엄마가 돌아가셨다는 연락이 왔다. 그렇게 엄마는 타지에 나가 있는 자식들을 모두 만나본 뒤에야 먼 길을 떠나셨다.

그즈음은 신입이라는 이유로 부당하리만치 자주 밤 근무를 시켰다. 새벽녘에 혈압계를 들고 복도를 나서면 저쯤 복도의 끝 어둑한 곳에 엄마가 서 있었다. 그러다가는 마치 안개처럼 금세 사라지곤 했다. 남들 다 자는 밤에 깨어 일하는 막내딸이 마음에 걸렸음인지.

내 이야기를 들은 언니가 기함하듯 놀라서는 날을 잡고 마치 제사라도 지내듯 음식상을 차렸다. 상 앞에다 나를 앉혀 놓고 두 손을 모아 비손했다. 막내딸 마음잡고 잘살도록 다시는 앞에 나타나서 놀라게 하지 말고 편히 가시라고 당부했다. 얼마나 절절하게 비는지 내 목울대가 쉴 새 없이 떨렸다. 언니의 간절한 기도를 들었음인지 신기하게도 그날 이후 엄마의 모습은 다시 볼 수 없었다.

뜬금없게도 아들이 허리를 펴지도 못하며 아파한 적이

있다. 늦은 밤 응급실은 그야말로 북새통이었다. 빈 침대가 없어 간이 의자에 앉은 채 링거를 맞는다. 30분 간격으로 몇 차례 진통제를 맞고서야 겨우 진정이 되었다. 요로결석이다. 아들의 몸안에 하얗고 날카로운 돌덩어리가 턱하니 들어있었다. 임용고시가 무척 힘이 들었던 모양이다. 왜 그러지 않았겠는지. 몇 차례가 될지 모르나 몸속의 앙금을 다 털어내야만 한다. 생각처럼 쉽지 않은 일이다. 엑스레이에 결석이 보이면 두드려서 빼내자던 담당의는 마음이 바뀌었다. 자꾸만 수술을 권한다. 우선 치료를 해 보고 차후에 결정해도 되지 않겠느냐는 내 생각을 단호하게 전했다. 곧 있을 2차 시험을 앞두고 병원에 있을 처지가 못 되었기 때문이기도 했다. 내내 못마땅해하던 의사는 그다음 진찰 때도 역시 수술을 권했지만 내 고집 때문인지, 아들은 체외충격 시술을 몇 차례 더 받았다. 아이 몸속의 돌덩이나 시술을 지켜보는 내 마음이나 무겁긴 마찬가지다. 부디 수술하지 않고 씻은 듯이 낫길 바랄 뿐이다.

그리하여 나 또한 뜬금없게도 기도를 드렸다. 이만하

기 다행이라는 생각으로 신에게 감사의 기도를 드렸다. 행과 불행에는 무엇이든 다 이유가 있으리라 생각하니 달리 억울할 것도 없이 그저 고마울 뿐이다. 살다가 아쉬우면 염치불고 하나님을 찾는다. 언니는 남을 위해 기도하지만 나는 나를 위해 기도한다. 이기적인 나를 내치지 않으시니 필시 신은 내 편이 분명하다. 아쉽고 급할 때만 조르듯 하는 떼쟁이라도 어쩔 수 없다. 감당할 수 있는 만큼의 고통만 주신다고 하니 절로 힘이 난다. 괴성을 지르는 환자 틈 속에서도 내 두 손이 절로 모아진다.

슬픈 대화

잠든 아기의 얼굴은 고요하다. 고른 숨소리조차 사랑스럽다. 아직 배냇짓이 남아 있어 이따금 웃기까지 한다. 달리 표현할 형용사가 없다. 이래서 아기를 두고 무자서無字書라 하는 모양이다.

주위가 소란스러웠는지 곱게 잠자던 아기가 팔다리를 꼼지락거리더니 뒤척인다. 낯선 목소리에 금세 두 눈을 동그랗게 뜨고는 울까 말까 온 얼굴 근육을 실룩이며 얄궂다. 이어 팔다리 놀림이 빨라지더니 기어이 울고 만다.

나는 이모할머니 노릇 한번 제대로 해볼까 하고 얼른 보듬어 안고는 마치 왈츠를 추듯 흔들어 달래 본다. 가만 울음을 추스른 듯하더니 이내 얼굴이 벌게지며 다시 울기 시작한다. 쉽사리 그칠 기미가 없어 보이자 제 외할머니인 큰언니가 받아서 달랜다. 그러자 언제 울었냐는 듯 뚝 그친다. 이제 한 달여 된 두 사람의 관계가 저토록 익숙하여 다른 사람의 손길을 마다할 정도라니….

한 달 된 아기는 울음으로 대화한다. 배가 고파도 울고 기저귀가 젖어도 운다. 더워도 울고 추워도 운다. 심심해도 울고 무서워도 운다. 옹알이를 거쳐서 두어 단어의 말을 할 때까지도 여전히 울음으로 소통한다. 그리하여 울음이 언어적 메시지라면 손짓 발짓 몸짓은 모두 비언어적인 메시지라고나 할까.

오래 자리에 누워있었던 아버지는 말 대신에 표정으로 대화하고 눈짓 손짓으로 소통했다. 계단에서 넘어져 치료를 거듭했지만 결국은 걸을 수 없었고 그즈음 파킨슨 증세가 나타났다. 그리 오래되지 않아 병은 깊어져 아버지는 말하는 법까지 잊어버렸다. 소통을 위한 다른 도구가 필요했다. 눈동자의 움직임과 표정으로 대화하며 옳고 그름은 고개를 젓거나 끄떡거리는 것으로 구분 지었다.

그렇게 많은 날을 보낸 어느 날이었다. 아버지는 무슨 결심을 한 듯 말을 해보고자 애를 썼다. 입을 움직이며 얼굴을 찡그리고 눈을 떴다 감았다 할 때마다 얼굴이 붉으락푸르락했다. 그러나 나는 도무지 그런 아버지와 대화를 이어갈 수가 없었다. 차라리 눈빛 대화가 더 나은 소통이었다는 생각까지 들 정도였다.

아버지의 의식이 조금씩 흐려지고 있었다. 아버지도 마지막 순간이 오고 있다는 걸 직감했을까. 온 힘을 다해 무언가를 말하려고 했다. 내가 좀체 알아듣지 못하자 아버지는 허공에다 손가락으로 종이와 연필을 그렸다. 아버지 의도를 눈치챈 나는 얼른 스케치북을 갖고 와서는 커다랗게 자음과 모음을 위에서부터 아래로 써 내려갔다.

ㄱ, ㄴ, ㄷ, ㄹ···. ㅏ, ㅑ, ㅓ, ㅕ···. 그러고는 아버지 손에 가느다란 나무젓가락을 쥐였다. 아버지의

인지는 실로 놀라웠다. 당신의 할말을 기가 막히게 짚어내기 시작했다. 자음 모음과 받침까지. 나는 아버지가 짚는 대로 한 글자도 놓치지 않고 다 받아 적었다. 땀까지 흘리고 간간이 몸을 떨며 나무젓가락을 쥔 손으로 스케치북에다 자음 모음을 짚고 또 짚었다. 도대체 무슨 말이 얼마나 가슴에 맺혀있기에 두 다리가 뻣뻣해지도록 저리 힘을 주는지. 아버지의 애쓰는 모습을 보며 나도 덩달아 애를 쓰느라 지쳐갔다.

그런 중에 큰언니, 큰형부 단어를 강조하여 짚었다. 명심하라는 의미였으리라. 큰언니는 일찍 돌아가신 엄마 역할을 대신해서 동생들을 뒷바라지했다. 그런 언니와 형부에게 잘하라는 것과 형제간의 화목을 당부하는 내용이었다. 큰딸에게 미안하고 고마웠을 아버지의 마음이 나에게 온진히 전달되는 순간이었다. 스케치북에다 할 말을 다 마친 아버지는 퀭하니 야윈 눈을 뜨고 오래 나를 바라봤다. 나는 잘 알겠다며 고개를 끄덕여 아버지를 안심시켜 드렸다. 아버지의 마음을 빠짐없이 다 읽었기 때문이다. 그것은 아버지와 나눈 다시없을 슬픈 대화였다.

나는 별안간 전신이 으스스 아프기 시작하여 한가득 아버지의 글이 새겨진 스케치북을 들고 큰방으로 건너갔다. 소리도 내지 못한 채 한참 동안을 울었다.

그 후에도 아버지와의 슬픈 대화는 몇 번 더 있었다. 그간 자식들이 준 용돈은 이불 밑에 그대로 있으니 장례에 보태라 하고 누구보다 맏사위에게 고마웠다고 거듭 말했으며 말을 마친 후에야 조용히 눈을 감았다.

아버지는 평생 가장으로서의 무거운 짐을 묵묵히 지며 산 분이다. 자식에게는 당신으로 인한 수고를 조금도 원치 않았다. 엄마가 있는 제주에 함께 묻히겠다는 애초의 생각조차도 자식들을 힘들게 한다며 접었다. 화장과 봉안당을 물어보고는 고개를 끄떡였다. 그렇게 사후 채비를 당부하고 떠났다.

하루하루 다르게 아기의 팔다리 움직임이 힘차다. 울음소리 또한 우렁차다. 머잖아서 옹알이도 하고 때가 되면 말을 할 것이다. 세상의 모든 언어로 대화를 나누겠지. 슬픈 대화가 아닌 무지개색 대화를.

아픈 그리움

한밤중 엄마가 나를 깨웠다. 약국에 가서 두통에 먹는 뇌선을 사 오란다. 그 시간에 문을 연 약국이 있을 리 만무하지만 그대로 있을 수가 없어 집을 나섰다. 아피하는 엄마를 잠시라도 안 볼 수 있기 때문일까. 히필이면 동네 길가에 죽 서 있는 나무가 말썽이다. 밤바람에 흐늘흐늘 흐느적거리는 가지들이 내 몸을 휘감아 낚아챌 것만 같아 모골이 송연하다. 냅다 달리는 것으로 무섬증을 떨쳐본다.

달리기의 도착점은 언제나 약국이다. 익숙한 문 앞에 서서 이러지도 저러지도 못하는 내 모습이 싫었다. 한쪽 끝이 휜 새시 문이 나를 비웃는 것만 같다. 속수무책으로 되돌아오는 길도 무섭기는 매한가지였다.

엄마는 안다, 내가 그 밤에 약을 살 수 없다는 것을. 더는 참을 수 없는 통증을 내쫓듯 어린 딸을 밖으로 내보냈으리라. 내가 엄마의 아파하는 모습을 잠시라도 덜 보기 위해 밤길을 달리는 것처럼. 그렇게 모녀는 함께, 힘든 긴 시간을 보내야만 했다.

엄마의 시집살이는 심장 방망이질을 해대듯 했다. 감내의 임계점을 넘겨버렸고 두통은 평생토록 엄마를 괴롭혔다. 결국은 뇌선이라는 가루약에 의지했고 종내는 밥보다 더 자주 찾았다. 독한 약은 빈속을 헤집고 들어 야금야금 엄마의 위장을 파고 할퀴었다. 약효는 점점 얕아지고 통증은 깊어 갔다. 몰래 숨겨둔 한 첩의 약까지도 한밤중의 고통을 재우느라 마저 쓴 그 밤이면 나는 여지없이 밤 달리기를 하고 만다. 뇌선은 엄마의 육신과 영혼까지 무자비하게 점령하여 마음대로 조정했다.

놀랍기는, 그러는 엄마의 낮은 지난밤과는 달라도 너무 다른 것이었다. 언제 그랬느냐는 듯, 집에 오는 그 누구에게도 소홀히 대하는 법이 없었다. 매사 웃는 모습으로 정성을 다했다. 당신의 후미진 모습을 보이기 싫어서였을까. 어쨌든지 한밤중에 어린 딸을 문밖으로 내몬 간밤의 엄마는 분명 아니었다.

장마철에 잠깐 햇살이 보이는 나무말미의 한순간이다. 두통이 잦아든 엄마는 부지런에다 온 힘을 쏟았다. 물을 뿌려 마당을 쓸었다. 빨래를 삶아 널고 구석구석 걸레질로 바빴다. 당연히 어린 딸에게도 소홀함이 없었다. 그러나 그만큼의 노동 후 엄마는 또 그만큼 드러누워야만 했다. 하다가 남은 일은 모두 내 차지가 되었다. 그런 엄마가 못내 못마땅했다. 지금은 내가, 그런 엄마의 부지런을 그대로 따라서 하고 있다.

기어이 엄마가 주저앉고 말았다. 한 걸음두 제대로 걷지 못했다. 수소문 끝에 용하다는 간첩 침쟁이를 찾았다. 환자들로 넘쳤다. 좁은 방에 누워서 하염없이 차례를 기다려야만 했다. 그렇게 기다린 후에는 장대 같은 침을 맞아도 꿈쩍도 안 했다. 아픔을 잊은 건지 말하는 걸 잊은 건지. 엄마의 장침은 외려 내 가슴에 깊이 꽂히곤 했다.

어둔한 발음이 조금씩 분명해질 즈음에서야 엄마는 멀리했던 밥술을 떴다. 밥맛이 좋다고도 했다. 참 오랜만에 듣는 엄마의 목소리였다. 온전하게 정신을 차릴 때면 제주에 있는 막둥이를 걱정했다. 어서 내려가 막둥이를 챙겨야 한다며 서둘렀다. 그러다가 몇 날을 못 넘기고 다시 다른 사람이 되었다. 입이 굳어 불러도 대답조차 못했다. 숫제 전쟁 같은 날들이었다.

세월은 무심히 흐르고, 홀로 남은 아버지가 점점 사그라든다. 제주에 묻힌 엄마를 모시고 올 채비를 미리 해두어야 했다. 그렇게 엄마와 아버지는 아버지의 장례식장에서 재회했다. 작은 항아리에 담긴 엄마는 죽어서 남편과 자식 가까이 왔지만 아무런 말이 없다. 그저 네모반듯한 그들만의 공간에서 우리를 맞는다. 부디 그곳에서 평안하기를….

무연히, 몸이 굳을 정도의 고통을 혼자 감당했을 그때의 엄마를 떠올려본다. 어김없이 내 마음이 저려온다. 고왔던 나의 엄마, 법당에서 절하는 모습도 고왔고, 월남치마를 입고 부엌에 있는 모습도 고왔으며, 가지런한 이를 드러내며 웃는 모습도 고왔다. 고운 모습은 마주하는 모두를 편안하게 했다. 뉘게나 넉넉했던 엄마의 마음씀씀이, 두고두고 내가 따라 닮아야 할 숙제이다.

오늘은 엄마의 서른다섯 번째 기일이다. 도무지 닳지 않는 그리움이 아픔으로 굳어있다.

그리움에 허기지다

연탄아궁이는 삐걱거리는 마루판 한쪽 밑에 있었다. 그곳에서 엄마는 빨래를 삶고 고구마를 쪘으며 몹시 추운 겨울날에는 식구들의 세숫물을 데웠다. 날이 풀어지면 한쪽 구석에 세워 두었던 마루판을 꺼내어 연탄불이 있던 자리를 감쪽같이 덮었다. 그리고 그 위에 석유곤로를 꺼내 놓는다.

석유곤로는 실로 엄청난 일을 해냈다. 세끼 밥상을 차렸고 흰옷이며 수건 등의 빨래를 삶아냈다. 누군가는 그런 석유곤로와의 추억을 아련하게 회상하더라만 나는 석유곤로를 떠올릴 때마다 엄마를 그리워한다.

엄마가 석유곤로에다 삶아낸 빨래를 옥상에 널 때마다 따라다니며 투덜거렸다. 온 데가 다 쑤시고 아프다면서 일만 하는 엄마가 매양 못마땅했다. 그럴 때마다 나는 어른이 되어도 절대로 이런 일은 안 하리라 옹차게 다짐했다. 옹찬 기운으로 빨래를 탈탈 털었더니 손에 힘이 들어가 마치 다림질이나 한 듯 각이 잡힐 판이었다. 내 마음을 읽은 엄마는 가만 웃기만 했다.

가사 후의 주전부리를 잊을 수 없다. 갓 쪄낸 감자는 튼 살처럼 껍질이 갈라진 채 모락모락 김을 뿜는다. 빠질세라 작은 소금 종지도 따라 나온다. 미처 열무김치와 묵은 파김치가 제자리도 잡기 전에 내가 먼저 마루에 걸터앉는다. 빨래 널 때의 툴툴거렸던 불만이 언제 그랬냐는 듯 사라지고 만다.

석유곤로 불에 그슬린 냄비는 연탄재로 닦았다. 빳빳한 짚을 손으로 비벼 부드러운 지푸라기로 만들고는 거기다 연탄재를 버무린다. 반질반질 닦은 냄비를 크기대로 쌓아 찬장 위에 조심스레 올려놓는다. 그제야 엄마는 쉴 수가 있었다. 너무 말끔해서 다시는 사용하지 않을 것만 같던 냄비는 정리하기 바쁘게 또다시 들려 나와 가족들의 다음 끼니를 위해 기꺼이 그슬렸다. 하도 닦아서 은색으로 말갛게 변한 냄비들을 보며 저러다 구멍이 날지도 모른다고 생각한 적도 있었다. 엄마는 항상 쓰던 그릇만 사용했다. 어쩌다 새 그릇이 생기면 오빠의 새살림 장만을 위해 따로 두었다. 새 냄비며 꽃과 새가 그려진 찬합 등은 낡은 장롱 위에서 천장을 떠받치고 세월을 보냈다.

종일토록 일만 하는 엄마는 사월 초파일에 미리 손질해 둔 한복을 꺼내 입고 절에 가서 기도를 드렸다. 가끔은 엄마의 기도 내용이 궁금하기도 하였으나 한 번도 묻지는 않았다. 엄마가 돌아가셨던 그해 사월에는 한복도 외출 못 한 그대로였다. 그즈음은 우리를 알아보지 못할 정도로 상태가 나빠졌고 이미 삶의 끝자락에 와 있었다. 실오라기처럼 가늘게 남은 의식에도 당신의 일곱 아들딸을 다 보고 떠나고 싶었을까. 끝까지 명줄을 붙잡고 버틴 엄마였다. 그 간절함이 두고두고 아리다.

장롱 위 살림살이는 엄마의 소원대로 오빠네로 갔다. 나는 엄마의 흔적이라 뭐든 하나쯤은 간직하고 싶은 마음도 있었으나 그런 속내를 내보일 수는 없었다.

어느 해의 엄마 기일이었다. 오빠네 부엌 구석 바닥에 엄마가 아끼던 냄비가 웅그리고 있었다. 나는 단번에 그 냄비를 알아봤다. 그러나 말은 안 했다. 장롱 위에 모셔두었던 냄비는 천덕꾸러기가 되어 빨래 삶는 일을 하고 있다. 넘친 비눗물로 줄무늬를 그려 놓은 채.

그날 제사가 다 끝나도록 대우받지 못하는 냄비가 떠올라 마음이 불편했다. 마치 엄마와 냄비를 동일시한 듯 마음이 편치 않았다. 애써 외면하려 해도 자꾸만 눈이 갔다. 냄비의 얼룩이 내 마음으로 옮아 번지듯 했다. 함부로 내색하지 못할 낡은 감상이라는 것쯤은 나도 안다. 아끼느라 쓰지 않고 고이 두던 엄마가 자꾸 생각나서 울걱거렸다.

사월 초파일 전날이다. 저녁 느지막이 그이와 함께 범어사로 갔다. 마침 저녁 예불 시간이 되어 한쪽 벽 쪽에 붙어 예불을 드린다. 자연스레 스님의 움직임 따라 내 시선이 멈춘다. 법고를 울리는 스님의 손짓과 몸짓이 헌걸차다. 순간 참으로 느닷없었다. 별안간의 울음으로 온몸이 울렁거렸다. 내 안 어디에 숨어 있던 설움인지 누구에게 들킬까 침까지 꿀꺽 삼켜가며 터져 나오는 울음을 참느라 애를 썼다.

문득 북을 치는 스님의 장삼 자락 사이로 엄마의 생전 모습이 보인 듯했다. 곱게 한복으로 차려입고 합장하는 엄마가 거기 있는 듯도 했다. 연탄아궁이와 석유곤로와 껍질이 반이나 벗겨진 찐 감자도 법당 천장에 그려진 듯했다. 이 모든 게 다 그리움이다. 그리움에 고픈 하루가 처음인 듯 다시 허기진다.

밤 지나고 새벽 오듯

어쩌다가 서울과 부산, 두 집 살림을 하고 있으려니 몸도 마음도 온통 부산스럽기만 하다.

먼저 서울에서 부산으로 갈 때이다. 돌아올 때까지의 먹을 것들을 챙겨놓고 집안을 둘러보다 눈 가는 데를 바로잡은 후 공항에 도착하면 이미 지칠 대로 지쳐있나. 공항 카페에서 달달한 커피 한 잔으로 겨우 나를 달랜다. 부산에서 서울로 갈 때도 상황은 같다. 발코니 화분 단속이며 이런저런 우편물 당부를 해야 한다. 현관문을 나서는 순간까지 염려를 내려놓지 못한다. 자초한 삶이니 누구를 탓할 수도 하다못해 힘들다는 하소연도 못한다.

연전의 일이다. 교환교수로 나가는 지인이 해외에 있는 동안 자기 집 베란다의 화분에 물 주는 걸 부탁했다. 평소 웬만한 부탁이면 기꺼이 들어주는 나였지만, 그때 처음으로 주인 없는 남의 집에 들어가는 일이 예삿일이 아님을 알았다. 무슨 잘못된 일이라도 하는 양 앞집 사람과 마주칠까 가슴은 두근거리고 식은땀까지 흘렸다. 결국은 바쁜 큰아이를 붙들고 함께 드나들었다. 둘이 서로 시간을 맞추는 일도 쉬운 일은 아니었다. 기어이는 그깟 식물쯤이야, 하는 심정도 들었지만 어디 그런단 말인가.

흡사 내 집의 화분을 다루듯 식물의 종류에 맞게 골고루 영양제를 챙겼다. 때문인지 그것들은 제법 잘 자라 키도 크고 잎에는 살이 올랐다. 집주인이 귀국하기 전에 방학을 맞은 딸아이가 먼저 집에 왔다. 아이는 잘 자란 식물을 보고는 무척 놀라워했다. 그 일로 미루어 교수 내외에게 집 관리를 부탁할까 달막거렸으나 나는 끝내 그 말을 하지 못했다. 그때처럼 일 년은 고사하고 단 하루도 부탁할 용기가 없다. 그게 그냥 내 모습이다.

이즈음은 날씨까지 변덕을 부린다. 탑승 전에는 분명 화창했건만 비행 중에 갑자기 비가 쏟아지고 난기류를 만나 몸이 흔들릴 때가 있다. 순간 손바닥에 손톱자국이 나도록 주먹을 쥐고는 '그래, 인명은 재천이야.' 나도 모르게 중얼거리다 머쓱해지기도. 그리고 가족을 생각한다. 아침에 본 가족과 별안간 이별하는 일이 내게도 일어날 수 있다는 두려움과 생과 사의 경계가 일순간이라는 울림에 질끈 눈을 감는다.

기어코, 한동안 벼르기만 했던 일 하나를 실행하기 위해 그이와 두 아들을 불렀다. 그간 마음에 담아 둔 채 하지 못한 말이 있는지 물었다. "무섭게 왜 그러세요?" 세 남자의 첫마디가 말을 맞춘 듯 똑같다. 비행기를 자주 타더니 겁쟁이가 되었다며 놀린다. 그러는 말속에 위로를 담아 건넨다. 그이는, 따로 마음에 담아둔 말이 어니 있겠느냐며 표정이 한결같다. 큰아들은 사뭇 진지하다. 재수할 때 미안하고 고마웠다는 말이 한참 길다. 작은아들 또한 제 마음에 간직한 한 사건을 들먹이며 거듭 감사하단다.

이제 내 차례다. 별스럽게 목부터 메인다.

그이에게는, 시어머니 장례 후 한마디 상의 없이 재산 정리를 했을 때의 서운한 마음을 털어놓았다. 흔쾌히 그 뜻을 따르지 못한 것도 정중히 사과했다. 어떡하든지 내 마음의 앙금을 풀고 짐을 덜어야만 하는 시간이다. 큰아들에게는, 혹시나 너무 엄하게만 키워서 섭섭했다면 미안하게 생각하며 잘 자라주어서 고맙다고 했다. 딸 같은 작은아들에게는, 나의 오른팔이면서 또 왼팔까지 되어주어 고맙고 무엇보다 컴퓨터 사용법을 잘 가르쳐 줘서 고맙다고 했다. 손사래를 쳐주는 세 남자가 고맙고 고맙다.

잦은 비행과 난기류가 우리 가족의 숨어 있던 진심을 캐내어 준 셈이다. 살아가는 일이 어쩌면 난기류에서 비행하는 것과 무엇 다르랴. 어두운 밤이 지나 새벽이 밝아오는 것도 같은 이치일 것이다. 내일에 대하여 두려움 없는 오늘도, 어둠 없는 밝음만도 존재하지 않는다. 서울과 부산을 오르내리며 사는 것도 그리 나쁘지 않다는 생각이 새삼 든다. 난기류 속에서 가족을 새로 발견

한 기분이다.

부산에서 새벽을 맞는다. 쌓인 우편물 중 수필집을 먼저 든다.

3부

그곳에서도 글을 쓰는가요

대놓고…

— 해바라기꽃 옷

시댁은 일 년에 여덟 번의 제사를 지낸다. 제사를 지내는 큰집에 다녀온 지 며칠 안 되어 또다시 제사 지내러 가는 날도 있었다. 그러다 보니 각종 전을 부치는 일 따위는 일 축에도 못 들 만큼 능숙해졌다. 큰어머니는 큰집 며느리들과 동서 앞에서 셋이 합쳐봐야 주현이에미 하나만도 못하다며 대놓고 나를 칭찬했다. 똑같은 며느리 처지였지만 그 누구도 서운해하지 않고 큰어머니 말이 옳다고 맞장구를 쳐 주었다.

당시 큰집으로 갈 때는 백화점을 지나쳐야 했는데 시어머니는 나를 데리고 백화점에 가서 옷을 갈아입혔다. "너처럼 옷을 못 입는 아는 처음 본다." 뱀이나 호피 무늬가 아니면 커다란 꽃이 그려진 화려한 옷이 취향인 시어머니에게 단색에다 밋밋한 디자인의 옷을 입는 내가 영 못마땅했던 것이다. 앳된 며느리는 마흔아홉의 젊은 시어머니 앞에만 서면 심장이 벌렁거렸다. 그저 시키는 대로 갈아입어야 했다. 오른쪽 가슴에는 노랗고 커다란 해바라기가, 그보다 더 큰 빨간색 해바라기는 왼쪽 가슴을 덮었다. 켜켜로 줄기가 꼬인 해바라기의 푸른색 이파리가 등판까지 타고 넘어갔다. 옷을 입고 가만있기만 해도 내 얼굴은 해님보다 더 벌게졌다. 큰집에서 돌아와 다시는 안 입을 터라 당장 버리고 싶어도 행여 어쨌나고 찾을까 봐 못 버린 나.

큰집에 가면 형님들이 놀리곤 했다. "아무래도 동서 취향은 아니네?" 그녀들은 내가 결혼하기 전에 몇 번 만난 적이 있어 내 취향을 알기 때문이다. 전혀 딴 차림으로 변한 까닭 또한 알고 있다. 아무렴, 이르다 말고…. 나는 커다란 꽃이 그려졌거나 현란한 색이거나 요란한 디자인의 옷은 딱 질색이었다. 그런 내 취향은 제쳐두고 매번 시어머니 취향에 맞는 옷으로 갈아입어야 하는 내 처지가 처량했다. 한편으로는 며느리를 예쁘게 보이고 싶은 시어머니만의 사랑법이라 달리 생각하기로 하니 그도 참을 만했다. 누추한 사랑이라 감히 말하지 못했을 뿐.

— 제사상 차리기

시아버지의 첫 제삿날이었다. 제사 음식 준비를 위해 일찌감치 시댁에 가니 시어머니가 꼼짝 못 하고 누워서 끙끙 앓고 있는 게 아닌가. 어제 함께 제사장을 볼 때만 해도 멀쩡했건만 "저 일을 어짜믄 좋노." 푹푹 한숨까지 내쉰다. 차라리 내가 알아서 하는 게 나을 것 같아 혼자 한다 했다. 가만 생각해 보니, 내가 시집온 후로 여러 해 큰집에서 제사를 지내는 동안 시어머니가 직접 제사 음식을 주도해서 만들지는 않았다. 언제나 큰어머니가 미리 단도리를 하면 시어머니와 나는 그저 굽거나 무치거나 부치는 것만 했을 뿐이다. 시어머니는 한 번도 직접 제사상을 차려 본 적이 없어 막상 일을 앞에 두고 당황한 것이다. 그렇더라도 몸져누울 것까지 할 일인가. 영감 첫 제삿날인데. 며느리가 혼자 음식을 하는 동안 방에서 한 번도 나오지 않았다. 날이 어둑해져 제사상을 차릴 즈음에야 거실에 나온 시어머니는 뒷짐을 지고 상을 죽 훑어보았다. “이제 아픈 기 쪼매 낫다. 많이 준비했네.” 가을 운동회의 백군인 양 머리에 두르고 있던 띠를 벗어던지며 흡족한 듯 웃었다. 시어머니는 그랬다. 무엇을 먼저 하고 그다음은 뭘 해야 할지 일의 순서며 경중을 몰라 일거리만 있으면 매사 허둥댔다. 이리 대놓고 흉을 본다.

— 산바라지

첫아이를 낳을 때였다. 산바라지를 하기로 한 큰언니에게 시모상의 변고가 생겼다. 갓난이이에게 부정 단다는 어른들의 말에 삼칠일이라도 시어머니 집에 있기로 했다. 시어머니에게 산바라지를 받은 것이다.

부엌에 가면 미리 끓여둔 미역국이 커다란 찜통에 가득

들어 있었다. 데울수록 짠 미역국에 물을 부어서 먹곤 했다. 욕실 바닥에는 아기 목욕물을 비우지 않은 채 그대로인 목욕통이 있고 물위에 배냇저고리가 둥둥 떠 있었다. 당장 하루를 보내기가 바늘방석이었고 가뜩이나 산후인데 우울증이 더해 갔다.

마침, 아기 소식이 궁금한 큰집 형님이 한 치 여과 없이 두 시어머니의 대화 내용을 친절하게 전해 주었다. "자가 즈그 집 가서 와이셔츠도 다려주고 해야 하는데 회사 다니는 아들을 힘들게 한다."라며 집에 갈 생각을 안 하는 나를 나무라더라는 것이다. 그날 저녁에 시어머니 집을 나왔다. 출산 후 퇴원하고 닷새 만의 일이었다. 나는, 아기 낳으러 병원에 가면서 남편의 와이셔츠 열두 장을 다 림질해 두었던 참이다. 두 주일을 예상하고.

그래도 그렇지. 딸의 산바라지는 좀 다를 줄 알았건만 나와 별반 다르지 않았다. 시누이가 산후조리원에서 친정으로 퇴원하였다는 소식을 듣고 시어머니 집으로 갔다. 집 안 공기가 썰렁하니 추웠다. 산모가 이렇게 있으면 안 된다고 했더니 기름값이 많이 들어 보일러를 안 튼다는 것이다. 당장 산모를 우리 집으로 데려왔다. 미역국을 끓일 때는 미리 물에 불려둔 쌀을 갈아 넣어 국물을 뽀얗게 했다. 고기만 넣고 끓이면 행여 질릴까 봐 굴도 넣고 바른 새우도 넣어 끓였다. 입맛을 돋우려 나물 반찬을 만들고 간식도 부지런히 챙겼다. 내가 받아보지 못했던 산바라지였다. 참, 뒤돌아보니 시누이 산바라지를 해준 적도 있었구나. 여태 잊고 있었다.

무릇 삼라만상에 다 때가 있다 했다. 꽃 같은 며느리에게 왕 꽃무늬 옷을 억지로 입히지 않아도 쉰이 넘은 이즈음은 나도 모르게 꽃무늬 잔잔한 옷에 눈이 간다. 나이 든 탓인지, 가끔은 시어머니가 생각난다. 삶의 끝자락에서 살고 싶다고 몸부림치던 모습이 떠오르고 나에게 포악질하던 얼굴이 얼른거린다. 둘 다 서럽다. 둘 다 생각하고 싶지 않다.

나는 아들만 두었다. 무던한 시어머니이기를 다짐한다면 섣부른 오만일까. 오늘은 시어머니의 제삿날이다.

언제나 초보

아이를 업은 채 차에 올랐다. 당시 국민차라 부르며 인기가 있었던 소형차였다. 솔직히 내키지 않는 일이었다. 한껏 뽐내고 싶어 하는 그 마음을 잘 알기에 어쩔 수 없이 타긴 했지만 내 마음은 불안하기 그지없다. 후배는 거침없이 달렸다. 안전은 염두에 두지도 않았고 그저 속도를 내어 달리면 운전을 잘하는 것으로 여기는지 신이 나기까지 해 보였다. 천천히 조심해서 운전하라는 내 말을 무시하고 외려 겁쟁이라 놀리기까지 했다.

급기야 포대기를 풀어 아이 목까지 끌어올려 단단히 둘러 묶었다. 그리고 손잡이를 꼭 잡았다. 만일을 위한 나의 방어 행동이다. 두고두고 그러기를 잘할 일이라며 스스로를 칭찬했다. 지금 생각해 보면 시작부터 무모한 일이었다. 큰길로 진입해서는 좌우 살피지도 않고 운전만 하는 것은 초보가 아니라 베테랑에게도 어떤 말로 대신할 수 없는 위험 그 자체이다.

예견이나 한 듯, 쌩하니 달려온 차가 우리 차의 오른쪽을 들이받았다. 퍽! 하는 순간 후배의 인기 있던 국민차는 소형차임을 여실히 증명했다. 천만다행으로 특별한 부상은 없었으나 온몸이 벌벌 떨리고 목덜미까지 뻣뻣해지며 아무 말도 할 수 없었다. 문제는 충격을 받은 아이를 밤새 살피는 것이었다. 아이에게는 아무 일도 일어나지 않아 가슴을 쓸어내렸으나 내가 운전을 무서워한 계기가 되었고, 그날 이후 운전은 관심 밖의 일이 되고 말았다.

그러나 또 그러고 말 일인가. 몇 해 지나 운전대를 잡게 되었다. 운전 연습을 시키는 그이가 조수석에 앉아 있었으나 나는 백 미터도 못 가 화장실에 가야 한다며 집으로 되돌아왔다. 돌아오는 것인들 쉬우랴. 또다시 땀을 삘삘 흘리며 출발하고는 시속 20킬로도 안 되게 밟았다. 모든 차가 내 옆에 바짝 붙는 것만 같아 눈이 절로 감겼다. 뒷일은 맞은편 운전자가 알아서 하겠지. 대책 없는 믿음까지 생겼다. 금방 되돌아갔던 상가 앞까지 오자 또다시 화장실 생각이 났으나 꾹 참았다. 입으로 내 운전을 대신한 그이 덕에 간신히 집에 왔다. 식은땀이 줄줄 흘렀다. 다음날 차에 오르며 운전하기 싫다는 나에게 어서 앉으라며 그이는 버럭 소리를 질렀다. 동네 가까이에 있는 공원으로 가는 길이 얼마나 험하고 두려운지 어김없이 화장실 가고 싶단 말이 튀어나온다. 결국 그이가 폭발했다. "시트에 그냥 싸! 차를 바꾸든지 세탁을 하든지 내 알아서 한다." 한심하다는 듯 나를 째려본다.

맞은편에서 오는 덤프트럭이 나를 뭉개 버릴 것만 같아 도저히 더는 못 하겠다며 차에서 내렸다. 대신 운전대를 잡은 그이는 집으로 돌아오는 내내 일장 연설을 한다. 세상 밖으로 나가기를 그렇게 두려워해서 어떻게 할 것이냐 당신보다 나이가 많은 사람도 운전을 하는데 왜 못 하느냐, 도전이 없으니 어찌 결과를 기대하겠느냐.

그이가 초보운전자 가이드북 두 권을 사 왔다. 기어이 운전하게 하려는 마음이다. 번갈아 가며 읽고 또 읽었다. 누가 보면 고시 공부하는 줄 알겠다고 그이가 놀렸다. 책 속에서 가상으로 운전하며 도로의 상황을 떠올렸다. 우리 동네를 그리기도 하고, 다른 동네를 떠올리기도 하며 책의 그림대로 동네를 활용했다. 글쓴이의 전달 내용을 충분히 이해하였으니 이 정도면 두려움이 덜 하려나 했다. 그러나 그것은 오로지 내 생각뿐이었다.

심지어는 지하 주차장에 주차되어 있는 차만 봐도 울렁증이 시작됐다. 열심히 책만 읽으면 뭘 하나. 주차장에 내려갔다가 차만 보고 올라오기를 반복했다. 맛난 음식이라도 된다면 벌써 이웃에 나눠주고 머리 무거울 일도 없을 것을. 차가 나를 무시하는 바람에 도통 밥맛도 없다.

운전학원 강사한테 받는 교육으로는 안 되겠다 싶은지 그이는 개인 강사를 소개해 주었다. 연수 받은 회사 직원들이 모두 능숙하게 운전하고 다닌다는 말에 솔깃했다.

그렇게 시작된 도로 연수였다. 다른 이들은 하루 두 시간씩 다섯 번으로 교육을 마무리한다는데 나는 3주를 매달렸다. 강사도 그리할 필요가 없다고 했지만 나는 거의 매달리다시피 했다.

모든 일은 때가 있는가 보다. 시간과 돈을 투자한 덕분인지, 그 사이 용기가 생겼는지 어떻든 강사 없이 혼자 도로에 나갔다. 누가 들으면 웃을 일이나 나에게는 정말로 신문에 날 일이다. 점점 횟수가 빈번해졌다. 끼어들 때는 사이드 미러에 뒤차가 전부 보이면 안전하게 끼어들고 뒷바퀴만 보일 때는 안전거리 확보가 안 되었으니 끼어들 수 없다는 등 이제는 운전이 웬만해졌다. 후진할 때도 나에게 방심이란 없다. 보이지 않는 것은 믿지 않았으며 긴가민가할 때는 차를 멈추고 밖에 나가서 확인한 후 대처하는 습관이 생겼다. 맨 처음 운전대를 잡고 벌벌 떨던 날 이후 어느새 7년 경력의 자가운전자이다. 그래도 여전히 초보운전자다. 초보가 초보를 가르치니 또한 번 놀랄 일이다. 아들이 운전대에 앉으니 내가 선생이 된다. 핸들 돌리는 걸 간섭하는 내 목소리를 내가 들으며 혼자 피식 웃는다.

초보는 언제라도 초보다워야 한다. 오늘도 나의 운전은 제한 속도 준수, 완전한 안전 모드다.

페이스 오프

〈페이스 오프 face off〉는 오래전에 본 영화 제목이다. 이 말의 원뜻은 아이스하키 경기를 시작할 때 양 팀의 센터가 마주서서 심판이 떨어뜨려 주는 고무 원반을 스틱으로 빼앗는 동작을 말하는데 이 영화에서는 얼굴을 떼어낸다는 의미로 쓰였다.

FBI 요원과 흉악범의 얼굴을 수술로 서로 바꾸는 것이다. 현실과는 동떨어진 터무니없는 설정이었으나 소재만으로도 꽤 인기가 있었다.

영화 같은 일은 우리에게도 가까이 와 있다. 화상으로 얼굴이 심하게 손상된 환자에게 뇌사자의 얼굴을 이식했다는 소식이다. 원래 모습과 같을 수는 없겠지만 사고로 일그러진 얼굴을 바로잡을 수 있다니 얼마나 다행인가.

성형의 원래 목적도 이와 같은 화상이나 사고, 또는 선천적인 기형으로 변형된 얼굴을 바로잡는 것이었지만 이제는 전혀 다르게도 인식된다. 아름다워지고 싶은 인간의 욕구를 도와주는 의술이 되었다. 그러다 보니 너나없이 남녀노소를 가리지 않고 성형의 유혹에 빠지게 된다.

'페이스 오프'라는 맞춤형 성형수술이 있다고 한다. 말 그대로 얼굴을 싹 바꾼다는 것이다. 눈을 크게 하고 코만 세우는 부분 성형으로는 얼굴 전체의 조화가 맞지 않아 아예 얼굴의 윤곽까지 분석하여 다 뜯어고친다는 것이다. 그야말로 살을 찢고 뼈를 깎는 것이다. 그러고 나면 이전 모습은 사라지고 완전히 다른 새 얼굴이 된단다. 예전 사진이 없다면 자신조차도 감쪽같이 속을 정도라고 하니.

성형이라 하면 먼저 연예인을 떠올리는 건 어쩌면 자연

스러운 일인지도 모른다. 사람들은 하나같이 잘생긴 연예인들을 보면서 그들의 얼굴과 헤어스타일과 패션에 환호하며 그대로 따라 하기도 한다. 특히 '아이돌'에 대한 인기는 식을 줄을 모른다. 그들 중에는 데뷔하기까지 길게는 10년이 넘는 시간을 연습생으로 지내기도 하는데 대개는 그때 성형을 한단다.

같은 병원에서 쌍꺼풀 수술을 했다는 가수 둘은 웃는 모습이 똑같다. 비교 사진을 보니 더 확연하다. 무려 여섯 번의 성형을 했다는 '아이돌'도 있다. 짓궂은 패널이 흑역사라며 성형 이전의 처음 사진을 공개하니 민망해서 어쩔 줄 몰라 했지만 달라진 모습이 예쁘긴 하다. 그뿐만이 아니다. 우는 연기를 하는 배우의 수술한 눈이 되려 웃고 있다. 훌쩍이고 있는데도 도무지 집중이 안 되어 드라마를 보며 한참을 웃었다. 주연급인 남자 배우 셋은 납작한 코만 높였다는데 완전히 다른 인상의 얼굴이 되었다. 그들 본래 모습의 사진을 보고는 깜짝 놀랐다. 워낙 얼굴이 입체적으로 잘생겨 모태 미남이라는 배우도 사실은 얼굴에 약간 손을 댔다고 고백한다. 이러하니 연예인에게 성형은 선택이 아니라 필수인가.

중국의 전통 가면극인 변검은 또 다른 페이스 오프라고 하겠다. 배우들은 공연을 위해 열 겹이나 더 될 만큼의 가면을 쓰고 순서에 맞춰 차례를 기다린다. 시간 조절이 가능한 단독 공연도 아니고 다른 출연자들과 함께 하는 공연이라면 기다리는 동안 얼마나 힘이 들까. 겹겹이 쓰고 있는 가면으로 인해 숨쉬기조차 쉽지 않을 것이다. 그런 중에도 변화무쌍한 모습과 민첩함에 사람들은 아낌없는 박수를 보낸다. 변검의 페이스 오프야말로 비할 데 없는 예술이다.

조심스러운 이야기이다. 그녀는 말을 꺼내기에 앞서 비밀을 지켜 달라는 서두가 길었다. 나만 알고 있으라니 물론 그리하겠지만 비밀이라는 말이 얼마나 부담스러운가. 마음이 썩 내키지는 않았지만 결국은 듣게 되었다. 내용의 당황스러움이라니. 착한 남편을 두고 따로 만나는 애인이 있다는 것이다. 내가 보기에도 그래 보이긴 했다. 점점 외출이 잦으니 옆에서 보는 내가 더 조마조마했다. 태풍으로 장대비가 내리는 그날도 그녀는 남편에게 나를 들먹여놓고 집을 나서며 당부하는 것도 잊지 않는다. "혹시나 전화 오거든 그리 알고 있으라고." 그렇게 서로 죽고 못 산다더니 아들이 결혼하자 손자를 봐줘야 한다며 언제 그런 일이 있었냐는 듯 시치미 뚝 떼고는 이민 길에 따라나섰다. 두 얼굴, 안면몰수, 차라리 페이스 오프라고나 할까.

이제 그만 나무의 페이스 오프로 흐려진 마음을 가다듬자. 가만 보면 나무야말로 은근하게 쉼 없이 변화한다. 봄에는 움을 틔우고 여름이면 무성한 잎이 되며 가을에 낙엽이 되어 떨어지고 겨울에 다시 나목으로 돌아가는 모습은 변검 못지않다. 세월이 가더라도 나무는 자신의 지나간 모습을 부끄러워하지 않을 터. 사람들에게 계절의 묘미를 한없이 선사하고도 나무는 침묵한다. 자랑하지 않는다. 계절에 따른 나무의 페이스 오프, 진정 그 모습에 반한다.

몸뻬를 입으니

몇 살이었는지의 기억은 확실하지 않다. 엄마를 따라 아버지가 있다는 목포에 갔다. 일자리를 찾아 떠난 아버지가 오마고 한 날보다 늦어지자 걱정과 조바심이 생긴 엄마가 아버지를 찾아 나선 것이다. 나는 엄마의 기분은 알지 못한 채 함께 나들이할 수 있다는 것만으로 형제 중에서 선택을 받은 것이라 마냥 좋았다.

연안 부두에는 여러 척의 배가 정박해 있었다. 엄마는 배 한 척을 가리키며 우리가 탈 목포행 가야호라 했지만 내 눈에는 전부 다 비슷하게만 보였다. 그중 제일 큰 배를 골라서 내 마음대로 가야호려니 했다. 제주에서 출발한 배가 목포까지 가는 데는 제법 시간이 걸린다.

3등 객실로 오르는 계단은 삐그덕거렸고 여기저기 쇠붙이가 부딪치는 듯 날카로운 소리가 났다. 계단 군데군데 구멍이 뚫려있고 폭도 좁았다. 자칫 발이 계단 사이로 빠져버릴 것만 같아 다리가 후들거렸다. 그뿐 아니었다. 계단의 틈새로 보이는 시커먼 바다는 그때까지 한 번도 못 본 광경이었고 노한 듯 으르렁거리는 파도 소리는 어린 마음에 엄청난 공포를 안겼다. 객실까지 오르는 동안 무서움으로 몇 번이나 몸을 떨었다.

비릿한 바다 냄새와 기름 냄새로 뒤집힐 듯 속이 울렁거렸다. 무엇보다 견디기 힘든 것은 사람들로 꽉 찬 3등 객실의 이상야릇한 냄새였다. 엄마는 내 손을 끌고 계단 밑 창고로 들어갔다. 한푼이 아쉬웠던 엄마가 배표를 끊지 않은 탓에 버젓이 객실에 있지 못하고 숨어 있어야만 했다. 컴컴한 창고에서의 뱃멀미는 쉽게 진정되지 않았고 어린 마음에도 두려움으로 인해 숨쉬기조차 힘들었다. 빛이라고는 아귀가 잘 맞지 않는 문틈으로 들어오는 가느다란 불빛이 전부였다.

드디어 목포에 내렸지만 너무 힘든 항해여서인지 좋은 것도 눈에 들어오지 않았다. 그저 다시 집으로 갈 일이 걱정이었다. 엄마는 돌아갈 때도 표를 끊지 않고 나를 다시 계단 밑에 숨길 것이 틀림없다는 생각뿐이었다. 어떻든 내 첫 항해의 기억이다. 그러니 바다와 배에 대한 나의 두려움은 당연한지도 모르겠다.

제주도를 떠나 산 지 많은 시간이 지났다. 한날에 지인들과의 환담 중 누군가 제주도 여행을 들먹인다. 순간 어릴 적 제주에서 살던 추억이 떠올라 아이처럼 가슴이 울렁였다. 불현듯 제주도에 가고 싶었다. 아직 뒷바라지할 아이들이 있어 잠시라도 집을 비우는 게 여의하지 않을 줄 알면서도 들뜬 마음을 걷잡을 수가 없다. 나를 뺀 나머지 일행은 아이들이 다 컸거나 하여 집안일이 그다지 걸리는 처지가 아니다. 내 형편에도 불구하고 마음은 이미 제주도 올레길을 걷고 있다.

그런데 막상 문제는 배를 타고 간다는 것이 아닌가. 별

순간 숨이 턱 막힌 듯 갑갑했다. 그간 잊고 있었던 처음 배를 탔던 날의 공포가 고스란히 되살아나는 듯했다. 달리 어찌할 방도가 없으니 그대로 부두로 나갔다. 특유의 냄새는 여전했다. 함께 배를 탈 일행을 보니 반갑기는 했지만 내 속은 벌써 뱃멀미하는 듯 편치 않았다. 어릴 적 탔던 배와는 비교할 수 없을 만큼 큰 배에 올랐어도 계단은 여전히 삐걱거렸고 내 심장도 덩달아 벌렁거렸다. 그때나 지금이나 계단 밑으로 보이는 바닷물이 잡아당길 듯이 무서운 것도 변함없었다. 여전히 나는 배가 무서웠다.

선실로 들어가자마자 우리만의 공간에 짐을 풀었다. 그때 애분 언니가 가방에서 호피무늬 몸빼 뭉치를 꺼냈다. 시장에서 파는 일바지의 일종이다. 선실에서 편히 지낼 수 있도록 준비한 것이다. 우리 넷은 각자 호피무늬 몸빼로 갈아입었다. 그 때문이었을까? 조금 전 어깨를 움츠리게 했던 긴장감이 거짓말처럼 스르르 풀어지는 걸 느꼈다. 마치 밀폐된 공간에서 문틈 사이의 빛을 바라보는 듯한 갑갑함을 헐렁헐렁한 몸빼 바지가 느슨하게 해

쳐 주는 것 같았다. 같은 바지일지라도 입는 사람에 따라 호피무늬의 모양도 크기도 달라 보였다. 그 모습까지도 우스워서 긴장 푸는 데 일조한다.

배에 대한 내 두려움을 알 리 없는 일행들은 출항하는 풍경을 봐야 한다며 내 손을 잡아 이끌고 선실 밖으로 나갔다. 여자 넷이 똑같은 호피무늬 몸빼 차림을 하고 나타나니 사람들이 힐끔거리며 쳐다본다. 파도는 여전히 무서웠지만 눈을 질끈 감았다. 배가 부산항을 빠져나가니 무서움도 가라앉는다. 필시 호피무늬 몸빼가 주는 용기가 아닐까.

저녁 무렵 출발한 배는 다음 날 아침 제주에 도착했다. 짐을 찾아 이동하는 차 안에서도 멀리 보이는 낮은 돌담이 정겹다. 배를 타는 동안의 긴장했던 순간들이 유년의 기억 속으로 슬그머니 사라진다. 아, 그립던 제주 바람이여. 그래, 까짓 배….

아뿔싸! 우리는 다시 배를 타기 위해 성산포항을 향했다. 이번에는 우도다.

마흔에 대학 가다

만삭으로 보이는 임신부가 털썩 주저앉는다. 마침 경로 우대석이다. 비어 있는 옆자리에는 절대 앉을 수 없다는 듯 대여섯 살로 보이는 어린 두 딸이 엄마 앞에 바짝 붙어 서 있다. 손에 불룩한 검은 비닐봉지를 들고 있던 아이가 무거운지 봉지를 바닥에 내려놓는다. 비닐봉지의 벌어진 틈으로 보이는 사과 개수가 어린아이가 들기에는 제법 많아 보인다. 엄마의 짐을 덜어 주는 착한 딸들도 지친 듯 기둥을 잡고 기대서서 지하철이 흔들릴 때마다 가는 나무처럼 흔들린다.

그들 모습 위로 오래전의 내가 겹쳐 보인다. 그때의 나도 만삭이었다. 퇴근길에 언니 집에 들러 챙겨 놓은 반찬을 가져오곤 했다. 집으로 가는 버스를 기다리다가 땅바닥에 그냥 주저앉았던 날, 언니는 짠해 하면서도 웃고 만다. 온갖 깔끔을 다 떠는 내가 오죽 몸이 무거웠으면 그러겠냔다. 그러고 보니 세월 참 빠르다.

공부를 다시 해야겠다는 욕구를 더는 억누를 수 없었다. 결혼 후 오롯이 그이와 아이들 치다꺼리와 시집을 오가며 살았다고 해도 틀리지 않는다. 큰아이가 중학생이니 어언 마흔이 넘었다. 더 늦기 전에 새로운 삶을 위한 방향 전환이 절실했다. 오래 고민하지 않고 한국방송통신대학교에 입학했다. 아이들과 같이 공부도 할 겸 지금이 딱 맞는 때라고 오히려 내 결단을 칭찬했다. 공부하는 때가 따로 정해져 있는 건 아니니까.

방송통신대학은 일반 대학과 달리 만학도가 대부분인지라 더러 이런저런 문제들이 생기기도 한다. 그중에 큰 문제는 입학생의 10% 정도만이 제때 진급하여 4년 안에 졸업할 수 있다는 것이다. 대부분 학과가 그런 실정이란다. 혼자서 공부한다는 게 쉬운 일이 아니다. 그러다 보니 열정을 안고 문을 두드린 사람들이 미처 공부 맛을 보기도 전에 중도 포기하는 경우가 많다. 서로 힘을 북돋우며 열심히 해보자던 처음 약속이 물거품처럼 사라진다. 나는 독하게 마음을 다졌다. 그래, 난 기어이 4년 만에 졸업한다. 대학 4년을 임신 열 달에 비유했다. 태교하듯 공부하리라. 열 달 후에 출산하듯 4년 후에 반드시 나는 졸업할 테다. 그리하여 학년이 더할수록 인문학에 빠질수록 마치 배가 불러오는 듯 희열을 느꼈다.

흥미 있던 과목은 신화의 세계이다. 서양의 신이나 동양의 신이나 인간 세상에 나오는 모습이 참 별스럽다. 서양 신은 하늘이나 땅에서 솟아나는 등 스케일이 달랐다. 그야말로 거창하다. 한 명의 신이 여럿의 아내를 거느리고 그 사이에서 태어난 자식들의 활약상까지, 그리스 로마 신화는 정말 경이롭다. 그런가 하면 동양 신들은 서양 신들과 달리 비교적 소박하다. 알에서 나오거나 아니면 온몸에 광채를 품는 정도이니. 그 외 인물들에 대한 평가며 대중문화의 흐름, 생명공학과 지구온난화 문제, 한국 사회의 문제점과 북한 사회를 바라보는 관점들은 나에게 세상을 깊게 넓게 보는 시야의 변환을 가져다주었다. 국제관계와 세계정세의 묵식함이 의외로 나에게 쉽게 전해졌고 그이와도 진지한 대화를 나눌 수 있었다. 우리 마누라 제법인데, 하는 소리가 그의 입에서 나온 듯도 하다. 그런 와중의 교양과목이던 신화의 세계가 쉬어가는 쉼터 역할을 제대로 한 셈이다.

대학 생활은 순조롭게 잘 마무리되어 어느덧 졸업이었다. 4년의 대학 생활은 잊을 수 없고 버릴 수 없는 일상의 기록이다. 숱한 사연으로 채워진 여러 권의 공책은 무엇과도 바꿀 수 없는 의지의 흔적이다. 늦으나마 시작했던 공부는 나로 하여금 그간의 자만을 버리게 했고 또 다른 지혜를 얻게 했고 소극적인 뒷걸음이 아닌 적극적인 앞걸음을 내딛게도 했다.

졸업한 내 마음이 비 온 뒤의 맑고 깨끗하고 싱그러운 세상처럼 개운하고 산뜻하고 또 뿌듯하다. 용기 있는 도전이 얼마나 좋은가. 변함없이 나를 응원한 그이와 두 아들 그리고 언니들과 함께 졸업의 기쁨을 나누고 고마움을 전할 수 있어서 다행이다.

인연을 잇는다는 것

몇 번을 돌아다본다. 들어가라는 손짓과 잘 가라는 손짓이 도로를 가로질러 길게 이어진다. 세상 욕심 없어 보이는 인상과 정감 있는 말투가 저절로 인정스러운 단골 가게 주인과 헤어지는 중이다.

싱싱한 푸정거리는 물론 어디서 들여오는지 고기를 먹을 때나 양배추, 다시마 등의 쌈 맛을 한층 더해 주는 젓갈 또한 일품이다. 매번 뭣이든 하나 더 넣어주려는 그녀와 그만하라는 나 사이에는 예사롭지 않은 이끌림이 있다. 큰언니 같은 푸근함과 온기가 전해진다. 나는 가게를 드나들 때마다 장사가 잘되기를 응원했고 어서 돈을 벌어 부자가 되기를 속으로 바랐다.

알고 지낸 지 오 년쯤이나 되었을까, 나는 아랫동네로 이사했다. 둘은 서운한 마음이 한가득이었다. 동네가 다르니 예전처럼 그리 자주 들를 수 있을까 싶었지만 웬걸, 작은 것 하나를 살 때도 발걸음은 어느새 그쪽으로 향했다. 일부러 윗동네까지 와 주어 고맙다는 인사가 훈훈했다. 사람과의 인연도 그렇거니와 하다못해 물건 하나라도 한결같은 고집을 부리는 나의 성정도 있긴 하나 그보다 우선은 필요해서 찾아갔는데 말이다.

그렇게 십여 년을 오르내리는 동안 언제부터인지 그녀의 걸음걸이가 차츰 달라져 보이는 게 여간 마음에 걸리는 게 아니었다. 이른 새벽부터 장을 보고는 하루 종일 가게에 매여 있으니 오죽하겠는가. 결국은 코로나가 한창이던 그해 여름에 건강이 좋지 않아 가게 문을 닫는다는 연락을 받았다. 한달음에 달려간 나는 그동안 고생하였으니 이제는 집에서 편히 쉬라는 말밖에는 따로 해 줄 말이 없었다.

오랜만에 그녀에게서 소식이 왔다. 그날은 서울에 가야 하는 일정이 빠듯하여 긴 시간 내기가 쉽지 않았다. 챙겨두었다는 옥수수만 받아올 참이었으나, 한사고 채근하는 그녀에게 이끌려 집으로 따라갔다. 집 안에 들어서니 평소 깔끔했던 그녀의 성품대로 실내는 참하게 정돈되어 있었다. 압력솥 돌아가는 소리가 바쁘고 전기밥솥은 밥이 다 됐다며 친절하게 알린다. 식탁 위의 가지런한 반찬을 보니 나를 위해 준비한 수고가 그대로 전해졌다.

압력솥에 푹 고아진 시래기가 우거지탕의 깊은 맛을 더한다. 호박전과 두부조림, 견과류가 넉넉한 멸치볶음 속의 푸릇푸릇한 고추가 방금 만들어 놓은 반찬임을 증명한다. 살짝 데쳐 조물조물 무친 내파는 본연의 단맛을 낸다. 붉은 쌀로 금방 지은 밥까지…, 입맛을 돋우는 완벽한 밥상이다. 상상하지 못한 융숭한 대접에 마치 큰언니 집에서 밥을 먹는 듯이 편안했다. 나도 모르게 밥숟갈이 늘어났다. 그런 나를 흐뭇하게 바라보는 모습이 영락없는 큰언니다. 마침 작은방에서 나온 그녀의 남편까지 나를 처제 본 듯 반겨준다.

또 한참을 지낸 어느 날이다. 금정산 아래 사는 그녀가 뱀에 물리는 변고가 생겼다. 신발을 벗고 산을 오르는 이가 많아 따라 하다가 그만 발바닥을 물렸단다. 급히 가까운 병원에 갔으나 해독제가 없어 여기저기 수소문하기를 한참, 좀 멀리 떨어진 큰 병원으로 옮기기까지 시간이 지체되고 말았다. 상황은 급격히 나빠져서 다리의 감각이 점점 없어지고 호흡도 가빠져 아, 이렇게 죽는구나 싶었다니 듣는 내가 다 움찔했다.

사교상은 하루 이틀이 지나도 차도가 없었다. 그러다 보니 문득 살아오면서 감사했던 사람을 떠올리게 되었단다. 병원을 나갈 수만 있다면 일일이 찾아서 꼭 고맙다고 말하리라 다짐했다 한다. 그중의 한 명인 나에게 동생이 되어달라 하여 흔쾌히 그런다고 했다. 오랜 세월 동안 가게 주인과 고객으로 주고받았던 깍듯한 존대의 호칭을 걷고 이제는 서로 편안하게 부르자 했다. 이다음에는 된장찌개에 김치 한쪽 꺼내어 쭉쭉 찢어서 밥에 걸쳐 먹자고도 했다.

그녀와 헤어져 집으로 오는 길 내내 드는 생각이다. 인연을 잇는다는 것은 참 귀한 일이다. 세상사 처음부터 끝까지 한결같기가 얼마나 어려운 일인지를 새삼 느끼는 요즘이다. 느닷없이 뜨거워지지도 말고 뭉근하게 오래 지속되는 그런 인연을 다만 생각한다.

속닥 문화

거실에서 식사가 끝나면 상을 내온다. 내가 부엌에서 설거지할 때면 시아버지가 큰방에 들어간다. 뒤이어 시어머니, 그리고 그이와 시동생도 따라 들어간다. 그릇 부딪는 소리가 거슬려서가 아니라 며느리를 피해서다.

그런 일은 오래 계속되었다. 기막히면서도 궁금한 그들의 대화이다. 도대체 무슨 내용이기에 며느리가 끼면 안 되는지. 그러다가 어느 순간 방에서 모두 나와 아무

일 없다는 듯 소파에 앉아있다. 마치 가족 간에 무슨 비밀이 있겠느냐는 표정이다. 설거지를 마무리한 거실에 혼자 우두커니 앉아있는 것보다는 차라리 낫다. 그러나 그들이 들어가고 근방 문이 닫힐 때 이미 나의 마음 문도 닫힌 걸 알기나 하는지.

시댁의 큰방 모임은 매번 나를 소외감에 빠뜨린다. "4자 회담 잘 끝냈어요?" 당연 그이에게 가는 내 말이 고울 리 없다. 세월 따라 회담의 명칭도 바뀌었다. 시아버지가 돌아가시니 3자 회담으로, 시어머니가 돌아가시자 2자 회담이 되었다. 워낙 은밀하고 내밀하여 성씨가 다른 나는 감히 끼어들 수 없는 모양이다. 그런 그들만의 독특한 세습을 '속닥 문화'라 지어 불렀다. 별소리를 다 듣겠다며 펄쩍 뛸 듯하며 나무라는 그이가 오히려 야속했다.

살다 보면 더러 상대방의 귀에다 대고 소곤거릴 때도 있다. 주위가 소란스럽거나 꼭 그렇지 않더라도 말이다. 정치인들도 서로 비밀스럽게 속닥거리는 모습이 자주 뉴스에 나오곤 한다. 그러나 며느리만 쏙 빼는 시댁 식구들만의 속닥 문화는 차마 어디다 대놓고 발설을 못 할 처지다. 그러면 안 되는 문화라서.

그러던 어느 날 시어머니의 전화를 받았다. 여태껏 들어 보지 못한 깊은 한숨으로 보아 뭔가 심각한 일이 있음을 직감했다. 며느리의 머리끝이 쭈뼛거리게 하는 평소의 당당함은 어디로 갔는지 주저주저하기까지 하다가 겨우 말을 잇는다. 밑이 빠진 것 같다며 죽을 병에 걸린 것 같단다. 시어머니의 그런 말씨와 행동은 몹시도 낯설다. 이제껏 두 아들을 제치고 나를 찾은 적이 없던 시어머니이다. 부인과 질환이다 보니 달리 도리가 없었던 모양이다.

시어머니의 뜻에 따라 평소 본인이 다니던 병원으로 정하고 수술 날짜를 잡았다. 본디 수술 시간이라는 것이 어디까지나 예정인 것이지 더 걸릴 수도, 덜 걸릴 수도 있지 않은가. 민망해하던 시어머니답지 않게 그새 주변에 수술 소식을 알렸는지 여럿이 병원에 왔다. 당연 그 어른도 왔다. 아니나 다를까, 예정보다 수술 시간이 길어지자 그 어른의 입에서 툭툭 내뱉은 말들이 내 가슴팍에 콕콕 박혔다. 함께 있던 그이도 민망해했으니 오죽하랴. 나이

들었다고 다 어른인가. 나이와 항렬만 어른인 그녀는 시어머니를 큰 병원에 안 모셨다며 두서도 없이 나무랐다. 쩌렁쩌렁 울렸다.

"큰 병원 안 가고 개인 병원에서 대수술을 하는 게 말이 되나?"

"어찌 그리 뭘 모른단 말이고."

"야가 정신이 없어도 한참 없네."

일의 전후 사정은 차치하고 모든 게 다 며느리인 내 잘못이다. 애먼소리에 입도 벙긋 못했다. 탓하는 말들은 파편이 되어 벽에 부딪다가 반사하여 나에게 꽂힌다. 이 또한 시댁 문화 중 일부인지. 언제까지 감내해야만 할 내 몫인지.

이런저런 일들에서 헤어나 모처럼 여유가 생긴 날이다. 내내 벼르기만 하다 미뤘던 지인과 둘만의 오붓한 식사 시간이었다. 정해진 순서에 따라 나온 음식이 단정하다. 식사 후의 커피 한 잔에 그만 취했는가. 자연스레 내 속내가 찬찬히 풀어진다. 앞뒤를 헤아릴 것도 달리 부끄러울 것도 없었다. 그냥 속엣말을 꺼냈다. 따지고 보면 내 속내라는 것들이 사뭇 자존심 상하는 말일 수도 있다. 그러나 부푼 풍선이 거친 소리를 내며 바람을 빼듯 마음 속 저 밑에 가라앉아 있던 더께 같은 내 아픔이 쏟아진다. 누구에게도 뱉어내지 못한 내 안의 상처였다. 그것은 또 다른 의미의 '속닥 문화'였다.

누군가 내 이야기에 귀 기울여 들어준다는 것, 옳고 그름을 따지지 않고 이유를 궁금해하지 않고 그저 담담하게 들어준다는 것, 그것은 고마움을 지나 지친 심신을 위해 안락의자 깊숙이 등을 대고 앉은 듯 편안하게 해주는 것이다. 문득 나에게는 누군가의 속엣말을 보듬어줄 여력이 있는가. 그런 어른인가. 스스로 질문해 본다.

그곳에서도 글을 쓰는가요

오늘처럼 바람이 사늘하게 불던 날 처음 선생님을 뵈었지요. 저더러 선생님이 아시는 누구와 닮았다며 먼저 말을 길어주셨습니다.

평소 붙임성 있다는 말을 듣던 터라 별로 걱정은 안 했지만 막상 글 쓰는 분들 옆에 있으니 괜히 주눅이 들었어요. 저야 그때까지는 일기 정도나 끄적였을 뿐 수필이 무엇인지 알기나 했던가요.

첫 수업의 내용이 잊히지 않습니다. 그저 일반적인 글

을 쓰려고 하지 말고 눈에 띄는 글을 쓰라는 말씀이 낯설기만 했답니다. 또한 겉에 보이는 것만 생각하지 말고 내면까지 들여다볼 줄 알아야 한다며 수업 내내 강조하셨는데 그게 무슨 뜻인지 그때는 알지 못했습니다. 솔직히, 구르는 공처럼 이리저리 불안하게 굴러다니는 느낌을 받았습니다.

아직도 귀에 쟁쟁한 말씀을 떠올려봅니다. 수필이 생각나는 대로 쓰는 글이라고는 하지만 지나치게 교훈적인 글은 읽히지 않는다고도 하셨지요. 똑같은 쇳덩이를 녹여도 사용하는 곳에 따라 그 쓰임이 다 다르니 글도 그 나름대로 해석하여 쓰라 하셨습니다. 그뿐인가요. 주제가 거창하거나 너무 정직하거나 상식적인 글은 피하고 미세한 표현을 할 줄 알아야 한다고 누누이 강조하셨는데 그 또한 새겨 지키지 못했답니다. 어찌된 일인지 선생님이 안 계신 지금에서야 새록새록 생각납니다. 마치 제가 청개구리가 된 것 같아 송구하여 몸 둘 바를 모르겠습니다.

어느 자리에서든지 있는 듯 없는 듯 조용하셨고, 행여 누구에게 불편을 끼치진 않을까 늘 조심하셨으며, 지하

철이든 어디든 메모지와 펜을 놓지 않으셨던 진정 스승님이셨습니다.

새삼스레 수필 수업이 끝나고 선생님과 함께 점심 먹던 시간, 음식까지도 그립습니다. 제법 큰 부침개를 숟가락 두 개로 쩍 가르던 일, 인심 좋은 단골 주인이 특별히 챙겨준 갖은 나물의 비빔밥은 그야말로 일품逸品요리였습니다. 추어탕, 청국장, 동태탕 등 선생님은 뭐든 가리지 않고 잘 드셔서 언제나 저희를 편하게 하셨지요.

선생님과 함께한 십삼 년 세월이 어제인 듯 선명합니다. 선생님 그립습니다. 더는 얼굴을 뵐 수도 음성을 들을 수도 없어 슬픕니다만 지금처럼 또 언제든 되새길 수 있는 추억 속에 계셔주시니 그나마 다행으로 여깁니다.

그리운 유병근 선생님!

그곳에서도 글을 쓰고 계신가요.

오늘따라 선생님이 많이 보고 싶습니다.

4부

아날로그의 추억

진료실 풍경

통증 클리닉의 진료가 시작되려면 한 시간 더 기다려야 한다. 하지만 이미 사람들은 닫힌 문 앞에 줄을 서 있다. SECOM, 이제는 눈에 낯익은 글자 앞에서 오늘은 내가 일등이라는 할매들의 표정이 여유롭다.

병원 앞 좁은 복도 한쪽 귀퉁이 화이트보드도 지친 듯 회색빛이다. 일찍 와서 대기 중인 환자가 직원들 출근 전에 순번을 적어 두는 곳인데 쓰고 지우기를 반복한 탓이다. 삐뚤빼뚤 적혀있는 이름은 줄이 제법 길다. 할매들의 말소리도 왁자하고 길다. 그동안 치료받은 병원을 들먹이며 자랑이나 하듯 몇 군데나 들렀다고 말을 꺼내자 다른 할매가 질세라 끼어든다. 본인에 비하면 아무것도 아니라는 식으로 손가락까지 꼽아가며 병원 수를 나열한다.

드디어 진료가 시작되었다. 화이트보드에 적힌 순서대로 안내한다. 치료실은 좁은 공간에 여덟 개의 침대가 다닥다닥 붙어있다. 저마다의 자세로 순서를 기다리는 환자들의 모습이 오래된 사진을 보는 것 같다. 천장을 바라보며 반듯하게 누워 있는 사람, 오른쪽 어깻죽지를 내놓고 있는 사람, 옆으로 누워 있는 사람 등 아무렇지도 않은 듯한 당당함이 오히려 익숙하다. 그들 사이에서 나는 다소곳이 양반다리를 하고 있다. 누워 있는 것보다는 위엄 있어 보일 터이니 다행이라 여기던 생각은 오래가지 못했다. 지극히 사무적인 간호사의 "바지 내리세요." 한 마디에 머리부터 발끝까지 찌르르 통증이 오듯 하더니 순식간에 콧등 위에 땀이 맺혔다. 얼른 바지를 내리고 엉덩이를 내보였다. 그리고 한참을 더 기다린 걸 보면 아직 차례가 남아 있는데도 그들은 미리 환자를 준비시킨 것이다. 벽을 보고 앉아 있는 내 모습은 상상만으로도 민망했다.

원장님의 등장과 함께 첫 번째 할매의 대사가 시작된다.

"원장님요, 내 어깨가 와 이리 아픕니까?"

콧소리 물음이 끝나자 원장님의 대답도 있기 전에 저쪽 할매의 다급한 목소리가 침대 위로 마구 구른다.

"원장님요, 낼로 먼저 봐주소. 내가 허리가 너무 아파 딴사람 다 하도록 몬 기다린다. 어이구, 아야!"

원장님은 금방 죽어가는 시늉에다가 끙끙 앓는 할매의 말이 다 끝나기도 전에 싹둑 말허리를 자른다. 한마디 말에는 의사로서의 위엄이 서려 있다.

"할매는 맨날천날 그카드라. 마 기다리소!"

순간 나는 내가 엉덩이를 까놓고 앉아 있다는 것을 깜빡 잊을 뻔했다. 할매와 원장님과의 대화가 한 편의 콩트 같아서 자꾸만 웃음이 나와 지그시 혀를 깨물었다. 할매들의 농익은 연기와 아이 같은 투정은 그 후로도 계속되었다. 그러든 말든 결국 할매는 자기 차례가 되어서야 진료를 받고 만다.

내 차례가 되었다. 그 병원에 첫 방문하는 나는 할매들 같은 엄살도 콧소리도 추임새도 없다. "뼈가 어긋난 것처럼 다리가 심하게 저리고 아파요." 또박또박 반듯하게 아픈 것을 말했다. 의사는 신경치료를 하겠단다. 엉덩이 위쪽 부분의 뼈와 뼈 사이로 바늘을 밀어 넣었다. 조금 전 민망함은 온데간데없고 오른쪽 골반의 묵직함과 저릿저릿 지근지근 야릇한 허리 통증에 이를 악물었다. 그렇게 반복하여 며칠 동안이나 치료한 후에야 한결 편안해졌다.

한의원에 일하는 지인에게서 들은 별난 할매들 이야기이다. 그 한의원 최고의 별난 할매는 송 할매라 했다. 이야기를 듣고 보니 그 할매의 억지는 하도 리얼하여 내가 갔던 병원의 할매들보다 한 수 위였다. 낡은 유모차를 지팡이 삼아 힘들게 들어오는 송 할매는 누구의 말도 듣지 않아 함께 근무하는 어떤 직원은 할매의 등장과 함께 모습을 감추곤 한단다. 내가 어디 아픈 줄이나 아느냐고 시작되는 멘트는 받아 적으라는 호통으로 이어지고 다 적었느냐는 확인도 절대 잊지 않는다고 했다.

"오른쪽 무릎은 물어뜯듯이 아프고, 왼쪽 무릎은 누가 자 뜯듯이 아프다. 어깨는 내려앉을라 하는데 느그 원장 내 어깨는 어짠다 카드노, 으이? 내가 몬 살 끼다."

쉴 새 없이 읊어대는 할매의 병 내력은 나름대로 질서가 있어 종합해 보면 머리끝에서 발끝까지 훑고 지나가는 셈이라 했다. 어느 날 오시라고 정해주는 것은 이미 소용없는 일이고 송 할매가 원하는 대로 해 주는 것이 가장 빠른 해결 방법임을 어느 순간 터득했다 한다. "돌덩어리같이 굳어 있는 머리에서 피가 항거 나오게 짜라."며 소리를 지를 때면 밉지만, 머리카락 사이사이 꼽아 놓은 침을 혼자 다 빼고는 "느그 수월하게 해 준다." 는데 어찌 밉다고만 하겠는가. 그저 단골 꾸러기 할매로 받아들이는 수밖에.

오늘도 대기실에 앉아 진료 차례를 기다린다. 여전히 시끌시끌하다. 여기저기서 할매들의 아프다는 호소가 그칠 줄을 모른다. 다른 분들을 위해 조용히 말씀해 달라고

주문하는 간호사의 말에 외려 할매의 목소리가 드높다.

"뭐라카노! 마, 안 들린다."

한날의 진료실 풍경이다.

계단 오르기

벌써 십여 일째다. 내뱉듯이 숫자를 세며 아파트 계단을 이십 층까지 걸어서 올라간다. 엘리베이터를 타고 일층으로 내려와 다시 계단을 오른다. 한 번 오를 때마다 대략 오 분이 걸린다. 열 번을 반복하면 이백 층을 오르는 것이며 한 시간 정도 소요된다. 이는 엘리베이터가 한가한 오전 시간에 내가 하는 운동이다.

계단 오르기는 유산소 운동과 무산소 운동의 결합으로 방송에서도 몇 차례 소개되었다. 일주일에 세 번, 하루

삼십 분 이상, 삼 개월 동안 꾸준히 하는 것을 권한다. 무릎에 무리가 올 수 있으므로 내려올 때는 엘리베이터를 이용하라는 당부도 잊지 않는다. 허리둘레를 줄이고 중성지방 수치와 혈압 및 혈당 수치도 낮춰주며 심폐 기능을 강화하고 하체 근력 향상에도 도움을 준다.

첫날이었다. 마치 녹이 슨 운동 기구 마냥 온몸 구석구석이 뻑뻑하다. 아이고! 소리가 절로 나온다. 오 층까지는 수월하게 올랐지만 다음부터는 점점 속도가 느려지고 숨도 가빠지며 금방이라도 주저앉을 듯이 다리 힘도 빠진다. 허벅지와 종아리 근육이 찢어지는 것만 같다. 층간 계단을 돌 때는 두 발이 서로 엇갈려 몸이 휘청거린다. 헐떡거리다 못해 금방이라도 숨이 뚝 끊어질 것만 같다. 우리 집 앞의 계단을 지날 때마다 속도가 느려지고 힘이 배로 드는 기분은 어인 까닭인지.

계단 오르기를 하는 이유는 단 하나 체중 감량이다. 단지 날씬해지기 위해서만은 아니다. 손가락 통증을 문의했더니 의사는 염증으로 인한 관절염이라고 한다. 지금껏 고혈압이나 혈당 고지혈증 등 일반적인 성인병 문제가 없어 건강을 자부해 왔건만 이제부터는 대사질환의 염려로부터 자유롭기 위해서 몸의 염증 수치를 낮춰야만 한다. 마침 계단 오르기를 하고 보니 이만한 운동이 없다. 비 걱정 미세먼지 걱정할 필요가 없고 층마다 창이 있어 환하다. 전에 롯데타워 계단 오르기에 도전할 때는 꽉 막힌 곳이라 답답했는데 아파트 계단은 문을 열 수 있어 숨쉬기가 훨씬 편하다. 헬스클럽을 다닐 때와는 비교할 수 없을 만큼 운동 효과가 나는지 땀을 훨씬 많이 흘린다. 계단 오르기의 매력에 점점 빠져들고 있다. 춥다는 등의 핑계로 잠시 운동을 쉬는 때는 손가락 통증이 표나게 다시 나타났다. 뻣뻣하니 주먹이 쥐어지지 않고 슬쩍 부딪히기만 해도 몹시 아팠다.

십여 년 지기 이웃들은 이런 나의 행동에 관심이 많다. 궁금한 것 천지다. 몇 층까지 몇 번을 올라가는지, 하루에 얼마나 하는지, 효과는 있는지, 할 만은 한지…, 땀 흘리는 내 모습을 보며 바삐 묻는다. 그들 자신이 하지 않는 운동을 내가 하는 것만으로도 부러움이 반이요 격려가 반이다. 때때로 "꼭 성공하세요." 하고 응원까지 해 준다.

흐르는 땀이 입으로 들어온다. 찝찔하다. 차라리 쓴맛이다. 내 몸 안의 독소로 느껴진다. 일주일이 지나자 쓴맛은 현저히 옅어졌다. 똘똘 뭉쳐 있던 독소가 빠져나가는 것처럼 개운하다. 드디어 몸이 가볍다.

어쩌면, 내 몸 안의 독소는 큰아이 엉덩이에 난 종기를 닮은 게 아닐까. 수험생 큰아이가 엉덩이 종기로 힘들어하고 있었다. 엉거주춤 불편한 자세로 식탁에 앉는 아이에게 캐물으니 그제야 엉덩이 종기를 보여준다. 자율학습 시간에 겨우 짬을 내어 병원에 갔더니 수술하여 입원까지 해야 한단다. 수험생의 하루는 그야말로 천금인지라 고심 끝에 그냥 집으로 데리고 왔다.

종기 가장자리가 벌겋게 부어 있다. 아이를 엎드리게 하고는 소독약과 거즈로 내가 직접 치료했다. 중심 부위의 고름 생긴 부분을 터뜨려 길을 내주고는 인정사정없이 양손으로 쥐어짰다. 뿌리까지 다 뽑아야 한다는 생각뿐이었다. 나중에 보니 아이의 눈에 눈물이 그렁그렁 맺혀 있다. 이를 악물었단다. 자고 일어나니 쑥쑥 아린 느낌이 없이 한결 낫다고 한다. 다행이다. 얼마나 아팠을지

말 안 해도 다 안다. 참아서 될 일이 아니건만…, 내 속이 더 상했다. 그런데 한시름 놓는가 싶었더니 다른 쪽에 또 생겼다. 그 종기는 수험 기간 내내 아들을 괴롭혔다.

계단을 오르내리며, 아들을 떠올린다. 아들의 진로를 생각하며 엉덩이의 종기를 걱정한다. 아들의 수고와 고통에 비하면 숨이 턱턱 막히면서도 이깟 계단 오르기쯤이야 하는 생각에 포기하지 못한다.

내 몸의 염증 수치에 대한 염려와는 비교할 수도 없을 만큼 아들은 자신의 진로에 생각이 많을 것이다. 더욱이 재수까지 하고 있으니 심적 부담을 말해 무엇하랴. 나 또한 그런 아들을 위해 학부모로서 내가 할 수 있는 일에 최선을 다했다. 몹시 더운 여름 어느 날이었다. 입학 설명회에 참석한 나는 나름 중요하다고 생각되는 전달 사항을 놓치지 않기 위해 애썼다. 강당에 띄운 슬라이드의 내용을 보면서 아들이 위에서부터 적어 내려올 것이라 여기고 나는 밑에서부터 적어 올라갔다. 한 글자도 놓치고 싶지 않았던 간절한 마음…. 강의가 끝나고 보니 아들도 나와 같은 생각을 한 게 아닌가. 바로 엊그제

같은 일이다.

자신의 미래를 위해 애쓰는 아들에 비하면 계단을 오르는 하루 한 시간 이깟 나의 수고는 아무것도 아니다. 숨이 가빠 그만두고 싶을 때마다 얼른 큰아이를 떠올린다. 어느새 한 층 거뜬히 올라와 있다.

새집증후군

진입로에 들어섰다. 곳곳에 배치된 안내원이 일일이 동 호수를 확인하여 안내한다. 새로 지은 아파트에 입주하기 전, 사전점검도 할 겸 방문해 보는 것이다.

십 년이 훨씬 지난 우리 아파트에 비해 최신식 시스템에 고급 피트니스센터와 주민 편의시설까지 갖춰져 있다. 더군다나 산을 끼고 있는 아파트라 병풍처럼 둘려있는 아름드리 소나무까지…, 내 아파트가 아니라 지인의 집인 것이 대놓고 부럽다.

현관문을 열고 들어서니 센서 등이 환하게 맞는다. 열린 문틈으로 들어온 바람에 드러누워 있던 바닥의 먼지가 벌떡 일어난다. 뽀얀 시멘트 가루까지 합세하여 사그락거리며 공중으로 날아오른다. 난데없는 먼지의 공격으로 미처 다 둘러보기도 전에 금세 눈이 뻑뻑해졌다. 더 불편해지기 전에 어데 흠이라도 있는지 서둘러 살펴야 할 판이다.

다용도실 공간의 세면대 앞에서 걸음을 멈추었다. 편리를 우선하여 만들어 놓은 빨래판이 살림하는 내 눈에 참신하다. 양말, 와이셔츠 깃 등을 주물러서 세탁기에 바로 넣을 수도 있겠다. 동선까지 배려하니 주부들의 관심을 끌기에 마침맞다.

방마다 수납공간이 참하게 놓여 이참에 헌 살림 정리하기 좋겠다. 마치 내가 이사 올 것처럼 머릿속이 바쁘다. 이 맛에 친구는 새 아파트 따라 이사 다니는가 보다. 친구의 취향까지 공감되는 순간이다.

수돗물 세기를 확인하고 행여 문 틀어짐이라도 있는지 방문마다 일일이 여닫는다. 서랍은 또 어쩜 그렇게 구석

구석 쓰임새 있게 배치했는지, 내 서랍인 양 열어본다. LED 등까지도 껐다 켰다 하며 점검인지 부러움인지 모를 묘한 기분에 빠지기도. 사전점검을 마치고 방문 접수증을 제출한 뒤에야 내 집으로 왔다.

정작으로 집에 온 나는 깜짝 놀라고 말았다. 온몸에 좁쌀 크기의 두드러기가 쫙 퍼진 것이다. 벌겋게 부어오르고 군데군데 붉은 반점도 있다. 한 군데 멀쩡한 곳이 없다.

낮에 잠깐 방문했던 새 아파트가 그만 나에게만 해코지를 한 것이다. 함께 갔던 그이는 아무렇지 않다. 점차 가렵기까지 하다. 더는 참을 수 없어 병원에 갔더니 새집과 맞지 않는 알레르기 반응이란다. 처방약을 투약한 후 하루쯤 지나서야 조금 진정되었다. 말로만 듣던 새집증후군이 이런 것인가. 새집의 텃새가 무척이나 당황스럽다.

문득 군대에 간 아들 생각으로 저릿하다. 몇 주 전, 늦은 나이에 입대한 아들도 군대라는 새집의 텃세에 몸살을 할까. 가렵고 후끈거릴까.

아들이 초등학교 2학년이던 어느 날이다. 쉬는 시간에

1학년 때 친구를 만나 반가운 나머지 노느라 다음 수업 시작종 소리도 못 들었단다. 화단 옆 작은 웅덩이의 물고기 보는 데에 푹 빠졌다가 문득 둘만 남아 있는 걸 알고 뛰어가니 신발상에 실내화 대신 운동화가 가득 있어 깜짝 놀랐다 한다. 벌써 수업이 시작된 것이다. 선생님은 늦게 온 아들을 나무라지 않고 어서 자리에 앉으라 더니 수업이 끝난 뒤에야 따로 불러 다음부터는 늦지 말라고 타이르듯 말했단다. 벌이라도 설까 겁을 냈던 아들은 얼마나 기분이 좋은지 한달음에 집으로 달려와서는 들뜬 목소리로 자초지종 이야기하기에 바빴다. 오늘따라 새삼 그 모습이 생생하다.

6주 차에 접어드는 요즘에는 제법 적응이 되었다니 다행이다. 먼저 다가와 말을 건네는 동기들을 보며 내향적인 자신과 비교해 보기도 한단다. 가장 밝고 쾌활한 한 동기가 엄마 편지를 받고는 저쯤 구석에서 하염없이 눈물을 흘리는 것을 보고 가만 그의 어깨를 두드려 주었다니! 이제 군대라는 새집에 면역력이 생긴 걸까.

아들은 그렇게 병사들과 함께 부대끼면서 군대라는 새

집에 적응할 것이다. 주사와 약이 아니라 동기들과의 온기 속에서 어떤 어려움도 거뜬히 견뎌내며 군 생활을 잘 마칠 것이다.

스물여섯 살, 생활관 동기 중에 가장 나이가 많은 아들은 모두가 할 수 있는 일이지만 누구나 하지 않는 일을 먼저 하며 늘 그리하는 엄마를 떠올린다고 한다. 내 아들, 기특하다.

바람을 가르다

"현미 없다."

누구 좀 봐주라는 듯 대문 앞에다 써 붙였다. 저 밑바닥 어딘가에서 끓고 있던 속내를 내비친 말인 줄 뉘라서 알아줄까마는.

문학회의 임기가 끝났다. 마지못해 맡았던 문학회 회장직은 거추장스러운 옷을 입은 듯 힘에 부쳤다. 무엇보다 두 주일에 한 번씩은 서울과 부산을 오르내려야 하는 것이었다. 때때로 의도치 않은 문제로 인해 힘이 들어도 그냥저냥 견뎌냈다. 드디어 두 해 동안의 임기가 끝나자 딱 기다린 듯 난데없는 어지럼증으로 힘든 시간이 이어진다. 그야말로 번아웃이다. 아무리 생각해도 소위 잠수해 버리는 것 말고는 달리 방도가 없는 듯하다.

당분간은 오롯이 나만을 위하여 살기로 한다. 그렇게 작정하고 나니 마음이 다소 진정되며 홀가분해진다. 하고 싶은 일을 적어보았다. 그동안 미뤄두었던 것들, 계획만으로도 하루하루 신이 났고 느닷없이 바빠졌다.

우선으로 선정된 것이 자전거 타기이다. 한강 둔치를 산책할 때마다 라이딩하는 사람들이 부러웠지만 엄두를 못 냈다. 그이가 자전거를 탈 때면 나는 혼자 걷는 수밖에 없었다. 한강에 비친 여의도 증권가의 높은 건물과 국회의사당의 야경은 볼 때마다 근사했다. 잔잔하게 일렁이는 물결 사이로 형형색색의 건물들이 물결 춤을 춘다. 그 광경을 보기 위해 걷다가 멈추기도 했다. 바로 옆으로 자전거 타는 일행이 줄을 맞춰 달릴 때는 너무 부러운 나머지 '나도 저렇게 자전거가 타고 싶어.' 하고 혼잣말까지 했다.

내 마음을 읽은 그이가 나에게 딱 맞는 자전거를 사 왔다. 자전거에 올라앉고 내리는 연습부터 시작했지만 결코 만만치 않았다. 꼭 처음 운전을 배울 때와 같았다. 그이는 아무리 가르쳐도 나아질 기미가 안 보이는 내가 성에 안 차는지 목소리가 점점 커졌다. 나는 또 그런 그이가 서운해서 혼자 집으로 올라와 버리곤 했다.

예순이 되기 전에 꼭 배우고 싶었던 일, '한 살이라도 젊을 때'라는 슬로건이 그야말로 사람을 잡는다. 엘리베이터에 자전거를 싣고 오르내리는 일도 역시나 버거운 일이다. 몇 번이나 넘어지며 아파트 단지를 도는 나를 보고 아는 이웃이 오히려 긴장한다. 도무지 진전이 없다. 넘어지며 일어서며 다시 자전거 타기를 반복했다.

아이들에게 자전거 타기를 가르쳐 주던 때를 떠올렸다. 땅을 쳐다보면 넘어질 수 있으니 멀리 보라고 한 게 생각났다. 그대로 따라서 해보았다. 몇 미터 정도는 꽤 괜찮게 앞으로 나갔으나 그것으로 그쳤다. 분명 아이들에게는 자신 있게 타라고 가르쳤는데 나는 왜 이렇게 겁이 많아졌는지 내 모습이 한심스럽기까지 하다. 그이가 출근하고 나면 나의 자전거 연습이 시작된다. 비틀거리며 넘어져도 아파트 단지 내 사이사이를 열다섯 바퀴를 돌기 전에는 집에 가지 않았다. 하루 이틀 지나니 조금이나마 자신이 생겼고 일주일이 되니 자전거 타는 내 모습에 긴장하던 이웃이 칭찬하기까지 했다.

한 달이나 되었을까. 드디어 한강에 자전거 타러 가는 그이를 따라나섰다. 두 눈이 둥그레지는 그이를 보니 내심 아하! 성공했구나 싶다. 아직 찻길은 엄두가 나지 않아 한강 입구까지 자전거를 끌고 갔다. 헬멧을 쓰고 장갑도 끼니 복장만은 여느 선수 못지않다. 내 뒤를 따라오는 그이는 나를 보호하기 위해 애를 쓴다. 사이드 미러로 뒷상황을 보며 괜찮다고 말하기도 하고, 사람들이 따라올 때는 오른쪽으로 붙으라며 주의도 줬다. 분에 넘치는 에스코트를 받으니 은근히 신났다. 자전거를 안 탔으면 몰랐을 마누라 보호하기다. 아직은 뒤를 돌아볼 실력이 안 되는 처지라 간간이 "여보." 하고 내 뒤에 있는지 확인하면 "응. 뒤에 있다. 걱정 마라." 하는 답이 이내 돌아왔다. 무뚝뚝한 내 남편, 저리 든든할 수가!

첫 라이딩에 왕복 15킬로미터를 달렸다. 브레이크를 잡은 손이 굽혀지지 않을 정도로 뻣뻣하고 감각이 없었다. 가까스로 자전거에서 내려 집에 올라가는 동안 다리가 후들거렸다. 이제는 양평까지 달린다. 내가 바람을 가르며 자전거를 타다니 도무지 믿기지 않는다. 세상 소원을 이미 다 이룬 것처럼 뿌듯하다.

오늘도 나는 바람을 가르며 달린다. 저 밑바닥 어딘가에 끓고 있던 속내 한가락이 이런저런 서운했던 심사를 동무 삼고는 바람 되어 지나간다.

도전! 스카이런

멀쩡하던 혈압이 갑자기 140이라니. 스카이런 도전을 준비해 온 나로서는 몹시 당황스러운 순간이다. 행여 별다른 문제가 생길까 음식을 주의하며 체중 변화에도 신경을 써왔건만 긴장한 탓이려니. 이른 아침 탈락 위기를 감지하고는 심장까지 벌렁거린다.

스카이런Sky Run이란, 롯데월드타워 1층부터 123층까지 555미터, 국내 최다 계단 2917개를 걷거나 뛰어서 오르는 수직 마라톤 대회이다. 2017년에 처음으로 개최되어 매년 봄마다 진행해 오다가 코로나19로 중단된 후 3년 만에 다시 열린 것이다. 대회 참가비 전액은 롯데 의료재단에서 치료 중인 보행 장애 환아들을 위해 기부된다. 좋은 일에 동참하는 마음으로 도전하는 것이다.

무작정 의욕만 가지고 할 수는 없다. 내 나이 오십 대 후반, 대회 당일에 40세 이상 참가자는 몇 가지 필수적인 검사를 해야 한다. 주최 측에서 준비한 메디컬센터에서 대회 참여가 가능한 상태인지 혈압, 맥박, 산소 포화도 등의 검사를 받는다. 다행히 건강검진에 통과되어 참가등록처로 갔다. 우편으로 받은 참가 서약서 및 병력 확인서를 작성하여 건네자 최종 참가 자격이 주어진다. 그제야 마음이 놓였다.

행사를 위해 준비한 곳곳의 시스템에 놀랐다. 참가자들의 외투나 소지품을 물품보관소에 맡길 수도 있고, 스포츠 테이핑을 받을 수도 있다. 대회 참가자 중 고령에 속한 나는 양쪽 무릎에 야무지게 테이프를 붙였다. 든든하게 지지되는 느낌 때문인지 완주에 대한 자신감이 마구마구 생겼다.

코로나19로 인해 비경쟁으로 진행된 행사는 15초 간격으로 한 팀씩 출발했다. 몇 줄이나 되는 대기자들을 죽 둘러보니 다 아들 같은 젊은이들뿐이다. 간간이 젊은 여성 참가자가 보였으나 내 나이 또래는 눈 닦고 봐도 없다. 도전을 만류하던 그이가 행사장의 분위기를 보고 나서는 나를 달리 보는 눈치다. 그 기분도 제법 괜찮았다.

드디어 출발이다. 진입로를 달려 계단 앞에 이르니 센서가 작동되고 내 기록이 카운트된다. 순간 아차 싶었다. 아파트 계단과 다르게 계단 높이도 높을뿐더러, 반드시 KF94 마스크를 쓰고 달려야 하는 상황이니 숨을 쉴 수가 없다. 더군다나 유리창이 있는 것도 아닌 밀폐된 공간이라 조여 오는 압박감에 해낼 수 있을까 두려웠다. 헉헉거리는 숨소리를 조절하며 스스로를 진정시켰으나 속이 메슥거리고 점점 호흡은 거칠어 갔다. 세 층 단위로 진행요원이 한 명씩 서서 응원을 했지만 이러다 10층도 못 가서 그만두어야 하는가도 싶었다.

밖에서 응원 중인 그이와 아들을 떠올리며 마음을 다잡았다. 첫 번째 쉼터인 20층에 도착하니 먼저 출발한 젊은 남성 참가자들이 헉헉거리고 있다. 서로 파이팅을 외치며 호흡을 가다듬고 다시 계단을 오른다. 그 위로 참가자를 위한 쉼터는 40층, 60층, 83층, 103층 등 총 다섯 곳이다. 물과 음료수 그리고 조플릿이 준비되어 있다. 주저앉을 정도로 힘든 상황이었으나 자칫 시간을 끌다가는 더 힘들다는 것을 안다. 그래서 오래 머물 수도 없이 계속 도전해야 한다.

그야말로 최악의 조건이다. 밀폐된 공간과 KF94 마스크 착용까지. 올해 스카이런 행사는 그래서 더 의의가 있다. 여느 해와 다르게 코로나19로 인해 까다로운 규제가 따랐으니 말이다. 내년은 나아지려나. 그 역시나 예측할 수 없는 일이고.

그렇게 그렇게 오르고 올라 드디어 123층에 도착했다. 당연히 포즈를 취해 본다. 참가하는 데 의미를 두고 1시간 예정으로 완주하겠노라고 사전 인터뷰까지 했던 터, 놀랍게도 훨씬 빠른 시간에 피니시 라인을 넘었다. 연신 플래시가 터진다. 참가자들의 완주 기념사진 촬영이다. 완주 메달을 받을 때는 해냈다는 성취감으로 땀으로 둘러붙은 머리카락쯤은 개의치 않는 배짱까지 생겼다. 실로 오랜만에 자신에게 자랑스러운 순간이다. 말 그대로 누구나 할 수 있지만 아무나 할 수 없는 도전이었다.

내려올 때는 엘리베이터로 1분여다. 피식 헛웃음이 나왔다. 축제 현장에 가서 스카이런 완주 킷을 받고 기록 확인도 마쳤다. 총 800명이 신청하고 그중 548명이 완주했다는데 내 등수는 118등, 나쁘지 않다.

나이를 먹으니 주위를 둘러보는 여유가 생긴다. 무언가를 계획하여 시간을 할애하는 것은 삶에 활력을 불어넣는 일이다. 그 일이 스카이런처럼 가치 있는 일이라면 더없이 행복하지 않겠는가. 내년에도 나는 도전할 것이다. 젊은 사람들처럼 20분 안에 완주하겠다고 목청 높일 일도 없다. 그저 혼자 즐기면 되는 것. 굳이 한 가지 욕심을 부리자면 완주 시간은 2분 정도 앞당기고 순위는 100등 정도로 해볼거나.

아날로그의 추억

일테면 바늘로 시간을 나타내는 시계나 수은주의 길이로 온도를 나타내는 온도 등을 아날로그 방식이라 하고 바늘 대신 숫자로 시간을 나타내는 것을 디지털 방식이라 한다. 정확도를 따지자면 디지털 방식이 훨씬 앞서가겠지만 그래도 초침도 보고 분침도 볼 수 있는 아날로그 방식에 마음이 더 간다.

팝송에 빠진 한때가 있었다. 요즘이야 유튜브를 통해 좋아하는 가수를 만나고 노래도 들을 수 있고 다양한 채

널에서 다시 보고 싶은 부분만 재생할 수도 있다. 내가 어렸을 때는 보고 싶다고 다 볼 수도 없었으며 워낙 매체가 단순하여 본다고 해도 한계가 있었다.

바카라 Baccara의 'Yes sir, I can boogie'를 시작으로 그들의 팝송을 즐겨 들었지만 얼굴이 어떻게 생겼는지 접할 기회는 별로 없었다. 영어 가사를 소리 나는 대로 받아 적고 따라 부르기만 해도 즐거운 시간이었다.

어느 날은 작정하고 유튜브에 들어가 연도별로 유행했던 노래를 찾아 무대 배경이며 그 시대의 분위기를 둘러보았다. 무엇보다 반가운 것은 내가 즐겨 듣던 노래의 가수를 볼 수 있어서다. 몇몇은 아쉽게도 이미 우리 곁을 떠나고 없어도 감미로운 노래만은 예전 무대와 함께 그대로 남아 있다. 앤디 윌리암스Andy Williams의 〈Feelings〉나 페리 코모Ferry Como의 〈And I love you so〉 등 중저음의 감미로움에 푹 빠져 시간 가는 줄 몰랐다. 차곡차곡 핸드폰에 저장도 했다. 모처럼의 추억여행이 싱그러운 에너지가 되어 가슴을 설레게 한다.

당시에는 발표 시기보다 훨씬 늦게 우리에게 알려진

곡도 있었으나 문제될 것은 없었다. 가사를 번역하여 시를 낭송하듯 읊어주던 종환이 아저씨가 처음인 듯 소개해 주었다. 프랑크 푸르셀 오케스트라의 귀여운 내 사랑 〈Adieu, Jolie candy〉는 〈이종환의 밤의 디스크쇼〉를 알리는 시그널로 유명했다. 부리나케 일과를 마무리하고 그 시간을 기다리곤 했다. 조용히 방송을 듣고 있노라면 세상 부러울 게 없었다. 어쩌다 내가 보낸 사연이 읽히는 날은 신이 나서 펄쩍 뛰던 풋풋했던 시간이었다.

전국에서 보낸 수많은 사연은 지금처럼 컴퓨터로 반듯하게 써서 메일로 보내는 것이 아니라 손으로 꾹꾹 눌러 쓴 정성이 가득한 손 편지다. 알록달록 꾸민 예쁜 엽서는 해마다 전시회를 열 정도로 재주꾼들이 많았다. 방송으로 나가기까지 족히 일주일은 걸리지만 기다리는 동안의 가득한 설렘으로 충분한 보상이 되었다. 그런 시절이었다.

더딘 듯 아릿한 아날로그의 추억 여행은 또 있다. 어떤 까닭이었는지 초등학교 4학년 무렵부터 6학년을 졸업하도록 칠판에 아침 자습 문제를 쓰게 되었다. 학년이 올라

갈 때마다 나의 의사와 상관없이 당연하게 주어진 내 몫의 일이었다. 객관식이라 실상은 몇 문제가 되지는 않았으나 커다란 칠판을 가득 채워서 써야만 했다. 일찍 일어나 엄마가 아침 준비를 하는 동안 서둘러 학교에 갔다. 우리 집에서 학교까지는 거리가 제법 멀어 늘 뛰다시피 다녔다. 집으로 돌아와서 아침밥을 먹는 둥 마는 둥하고 또다시 학교에 갔다. 하루는 용기를 내어 선생님께 수업 후 쓰고 가면 어떻겠느냐고 하였더니 아이들이 미리 다 하고 집에 가기 때문에 안 된다고 딱 잘랐다. 지금도 칸 없는 백지에다 칸에 맞춘 듯 반듯하게 글을 쓰는 것은 삼 년 동안의 아침 자습 문제 내기 훈련 덕분이 아닌지.

학교 가던 그 길이 새삼 궁금하다. 집에서 나가면 이내 오르막길이다. 〈엘리제를 위하여〉 곡이 흘러나오는 피아노 집을 지나고 한참을 걸어 허름한 구멍가게의 모퉁이를 돌면 저쯤에 초등학교가 보였다. 생각만으로도 그립다. 학교와 우리 집 중간에 있던 희민이네 집, 지금은 가족 중에 누가 살고 있는지 궁금하다. 희민이 어머니는 갈 때마다 반가워하며 오렌지주스를 내다 주었다. 그때는 그리 쉽게 마시는 음료가 아니었다. 호리병같이 날씬한 컵에 가득 담은 엷은 주황색 주스의 오렌지 냄새가 코끝을 스쳤다. 막상 마셔보면 단맛도 아닌 것이 멀겋고 밍밍하여 헛배만 잔뜩 불렸나. 우습게도 그 일 이후로 걸쭉한 주스를 좋아한다. 아이들에게도 유자차든 코코아든 무조건 진하게 만들어 준다.

초등학교를 돌아본 뒤 단체관람을 했던 동양극장과 동문시장도 둘러본다. 그 옛날 내가 다니던 시장 안, 구석구석을 걷고 있다. 직접 만들어 팔던 두부 가게도 기웃거리고 녹두죽과 팥죽이 맛있었던 그곳에 앉아도 본다. 아직 익지 않은 새파란 바나나가 주렁주렁 매달려 있던 과일가게를 지나면 새벽녘 어머니의 두통약을 사러 다닌 김약국도 볼 수 있다.

그곳을 지나 산지천을 걷다 보면 부두가 나온다. 지독하게 멀미가 심했던 비릿한 바다 내음도 싫지 않다. 혹시나 오랜 세월에 건물이 들어서서 많이 변했을지라도 어렴풋하게나마 여기로 가면 어디일 것이라고 더듬어 보면 다 알겠지.

제주라면 널리 알려진 유명 여행지가 아닌 옛적에 내가 걷던 길을 걷고 싶다. 걷다가 지치면 쉬고 또다시 걸어 걸어 관덕정을 지나고 단짝 친구네 집도 가보자. 용담동 근처이니 용두암도 가깝겠다. 용머리는 예전 그대로인지.

오롯이 혼자만 다녀올 꿈을 꾼다. 그이와 함께 가도 좋을 것이나 나는 오직 나만의 추억을 나와만 공유하고 싶다. 자동차로 휑하니 달리지 않을 것이다. 찬찬히 한 발 한 걸음씩 걸어서 사십 년이 훌쩍 넘은 어릴 적 나를 만나 볼 것이다. 지난 추억을 떠올리며…. 디지털이 아닌 아날로그로 말이다.

아날로그의 추억, 그 후

뜬금없는 용기가 생겼다. 혼자서 여행을 다녀오겠다는 내 말에 그이는 아주 훌륭한 생각이라며 추어준다. 설마 하는 마음이 없지 않은 듯도 하다. 평소의 내 하는 양으로는 어림도 없는 일이기 때문이다.

둘이 여행할 때면 모든 일정은 물론이거니와 숙소며 식당 예약 등의 대부분을 그이가 하는 터라 나는 아무 신경 쓸 일 없이 그야말로 가방만 들고 따라나섰다. 그러나 이번만은 바쁜 그를 방해하고 싶지 않았다. 나름의 배려도 있지만 뭔가 할 수 있다는 걸 보여 주고 싶은 내심도 있었다. 비행기 예약부터 숙소를 비롯하여 2박 3일의 여행 일정표를 스스로 만들었다. 계획하는 순간부터 벌써 여행을 끝낸 듯 설레었다.

혼자만의 추억여행이라며 이름을 붙였다. 당연히 누구를 만난다는 것은 일정에 넣지 않았다. 한갓지게 아날로그의 추억을 되짚어 볼 셈이다. 유년의 장소를 찾아 걷고 싶었다. 항공기 티켓과 숙소가 정해진 후, 조만간 제주에 갈 계획임을 그곳에 사는 언니에게 알렸다. 행여 오다가다 만나도 절대로 서운해 말라는 당부만 하고는 구체적인 날짜는 숨겼다.

애초에 계획한 날에 기상 악화로 인한 결항 소식이다. 그 바람에 예약된 호텔에 결항 확인서를 제출한 뒤 새로 예약했다. 다소 번거롭긴 했으나 생전 처음 맞닥뜨린 문제를 혼자 해결한 뿌듯함을 만끽하며 드디어 제주에 도착했다.

나의 설레는 마음과는 달리 제주는 첫 만남부터 나를 이방인 취급을 했다. 숙소 앞에 내려 빙 둘러보니 어디가 어딘지 도무지 알 수가 없어 가슴이 철렁한다. 이대로 여행이 가능할지 막막해진 순간 그이의 부재가 못내 아쉽다. 부산에 익숙해지는 동안 제주는 자주 찾지 않는 나를 외면하고 있었단 말인가. 짐을 풀어놓고 간단히 챙긴 손가방을 메고 중앙로로 향했다. 그곳에 가면 무엇이라도 생각이 날 것 같아서였다. 골목시장 간판을 보니 오랜만에 친구를 만난 듯 반가웠다. 조금 더 내려가니 동문시장이 바로 연결되는 걸로 보아 제대로 찾아간 셈이다.

내가 살던 동네로 접어들었다. 도시 정비로 옛 집터는 흔적도 없이 사라졌다. 커다란 주차장이 떡하니 자리한 곳에 그만 주저앉을 뻔했다. 언젠가 들었던 말이 있어 그러려니 생각했으나 막상 마주하니 허망함에 맥이 탁 풀렸다. 멍하니 한참을 서 있자니 별안간 눈물이 흘렀다. 너무 늦게 왔구나. 엄마도 가고 없고 벗도 떠난 자리, 아는 이 하나 없는 새 동네가 낯설었다. 사람 살던 흔적이 사라진 게 더 슬펐다. 한쪽 가장자리의 몇몇 운동기구가 오히려 내 눈치를 보고 있다. 제주시 일도 2동, 예전 주소는 그대로 내 가슴에 남아있건만 우리 집과 동네는 전부 시멘트 바닥에 깔려있다. 내 추억도 함께 묻혔다. 찍고 또 찍은 사진만이 나를 위로한다. 저쯤 어디가 그곳이라고.

오르막길을 올라 초등학교 가던 길을 걸었다. '엘리제를 위하여' 피아노 소리를 듣곤 하던 골목이다. 허름한 피아노 집 담벼락에 누군가가 자그마한 나무 의자를 그려 놓았다. 더위 탓인지 나무 의자 뒤에 소나무 한 그루를 그렸더라면 더 좋았을 텐데 하고 생각했다. 학교 가는 길 중간쯤의 희민이네 집은 높은 건물이 여러 채 들어서 있어 몇 번을 오르내려도 분간이 안 되었다. 변해 버린 동네에서 그나마 이정표가 되어 준 것은 가느다란 골목길이었다. 골목길을 더듬이 삼아 기억을 떠올렸다. 초등학교를 졸업하고 사십여 년 만에 걸어 보는 길이다. 삼 년 동안 키 작은 아이가 선생님을 대신해서 아침 자습을 칠판에 쓰러 다니던 길. 그 길은 어른이 된 지금 봐도 제법 먼 거리이다. 중학교 고등학교는 반대 방향이라 그쪽으로는 갈 일이 없었으니 참으로 오랜만인 셈이다.

화려했던 칠성로는 신제주가 생기며 생기를 잃었다.

무심한 세월은 명색의 번화가를 무덤덤한 상가 동네로 바꾸어 버렸다. 역시 영원한 것은 없는 법. 걷고 또 걷는다. 여행 내내 나는 혼자였다. 이만하면 홀로서기에 성공했다 할 것인지.

다시 부산으로 돌아왔지만 잠깐 만났던 어릴 적 동네가 짬짬이 아른거린다. 아직도 옛날 동네 그대로 있다는 감천마을을 찾았다. 시간이 멈춘 듯 그곳은 어린 시절의 동네와 닮아있다. 크레파스로 꼭꼭 눌러 색칠한 것 같은 동네는 볼수록 예스럽고 정겹다. 전쟁 때 피란민들이 판잣집을 지어 살던 마을이 세월에 부치고 낙후되어 어느 때부터는 예술인들의 마음을 끌어들였다. 크고 작은 조형물을 설치하고 빈집은 전시관이나 창작공간으로 활용하고 있다. 감천마을은 앞집 지붕이 뒷집 베란다가 되는 계단식 주거 형태이다. 골목길은 그야말로 전천후 예술이다.

제주 동네에서 보지 못했던 것들을 감천마을에서 만난다. 사람 사는 소리와 저녁 무렵의 냇내와 전을 부치는 기름 냄새…. 한 시간 남짓 마을에 머물렀다. 새삼 어릴 적 향수가 가시지 않는다. 나의 엄마가 있고 친구들이 있으며 자라온 내 이야기가 계단 따라 층층이 쌓여 있는 것만 같다. 시끌시끌했던 동네 아이들 뜀박질 소리 대신 중국인 단체관광객의 큰 목소리가 그 자리를 대신해도 나는 그저 좋다.

나는 날마다 이사를 한다

마치 여행이나 하듯 서울과 부산을 오가는 세월이 훌쩍 오 년이나 지났다. 그이는 서울 나는 부산, 주말부부로 지내는 동안 두 아들의 학업도 마쳤으니 큰 숙제도 얼추 끝냈다. 한 날의 산책길에서 그이가 직장이 있는 서울로 이사하는 게 어떻겠냐며 말을 꺼냈다. 굳이 부산에 있을 이유도 없는 터라 그러자고 하고는 당장 추석 다음쯤으로 날을 잡았다.

구체적인 이사 계획을 세우고 보니 내 마음이 바빠진

다. 삼십여 년 익은 환경을 떠나 다시 새로운 터에 정착하는 것이 그리 간단한 일도 아니거니와 서둔다고 뭐든 해결될 것도 아니다.

우선 평소의 소신대로 미니멀리즘을 생각했다. 이삿짐을 꾸리기 전에 살림살이의 이런저런 몇몇 것들을 지인들에게 나눠주었다. 몇 세트나 되는 예쁜 커피잔과 한창 요리를 배울 때 그릇을 안 사면 요리를 못하기나 하는 듯 두서없이 사 날랐던 특색 있는 도자기는 물론이고 냄비와 프라이팬도 예외는 아니었다. 그뿐인가, 그간 어떻게 쟁여있었는지 한없이 쏟아지는 옷과 가방도 이참에 어지간히 정리했다. 막상 꺼내놓고 보니 엄청난 가짓수에 스스로도 놀랐다.

다음 순서로 부산의 명소들을 둘러보기로 했다. 마치 영영 부산을 떠나기나 할 것처럼 두어 번 다녀왔던 곳들도 처음인 양 새삼 의미를 부여해 볼 참이다. 혼자 다니는 것도 괜찮았다.

태종대 바닷바람이 쌀쌀하다. 묘박지의 배를 한참 동안 보면서도 추운 줄 몰랐다. 이사 문제로 심란한 나와 달리 정박한 배에서 편안함을 느꼈던가.

해운대 동백섬을 지나 송정 바닷가에 이르니 너른 백사장이 내 것 마냥 좋다. 코로나19의 영향인지 한산한 해변도 오롯이 내 차지다. 그래, 금방이라도 끝날 줄 알았던 역병은 계속되고 주민증의 끝 번호 짝, 홀수에 따라 약국 앞에 길게 줄을 섰던 지난 3월도 눈에 담아 가자.

온천천 갓길이 화사하다. 영산홍과 개나리와 벚꽃이 연보라, 노란, 분홍으로 흐드러지게 피었다. 선명하기까지 하다. 참으로 곱다. 발걸음이 절로 멈춘다.

부산대학교 교정에는 다양한 색의 튤립이 몽우리 지거나 만개했다. 색종이처럼 알록달록한 튤립에 마음을 뺏겼다. 튤립의 개화 기간은 거의 한 달 가량이다. 꼿꼿한 모습 그대로를 끝까지 버티는 모습이 대견하다. 이곳은 사계절의 변화를 가장 먼저 느낄 수 있다. 마침 집과도 가까워 아침저녁으로 들락거렸다. 맑은 날은 맑은 멋이 있고 비 오는 날은 비에 끌리는 묘한 매력으로 몽환적이기까지 하다. 카메라 셔터를 누르는 내 손이 더 바쁘다. 여느 여행지 못지않은 기쁨을 누린다.

유년의 동네를 닮은 감천마을은 조형물 어린 왕자가 잘 지켜주려나. 코로나19로 대부분 가게가 문을 닫아 동네가 한산했다. 전에 왔을 때 보았던 평상의 어르신들도 안 보였다. 도무지 끝날 것 같지 않은 역병은 부산의 명소를 찾아오는 이 하나 없는 한가하고 조용한 곳으로 만들어버렸다. 알록달록 예쁜 집들도 이제는 포기한 듯 무덤덤하다.

막상 부산을 떠난다고 생각하니 지금껏 무심했던 모든 것이 아쉬워진다. 핸드폰에 저장된 풍경들이 점점 늘어난다. 부산이 그리우면 언제라도 꺼내 보리라 대기 중이다. 애초 집 언저리부터 시작된 여행을 좀 멀리 을숙도와 다대포 해수욕장까지 넓혀간다. 디디는 곳곳마다 언제 이곳에 다시 올 수 있을까 하는 아쉬움으로 걸음걸음이 더뎠다.

드디어 집을 팔기로 하고 부동산에 내놓았다. 우리 집은 채광이 좋고 그야말로 역세권이다. 감히 장담하건대 여느 집보다 깔끔할 것이다. 그런데 이 아까운 집이 금방 팔리면 어쩌나. 슬쩍 긴장이 되었다.

집 보러 오는 사람들은 아침, 저녁으로 나눠어 미리 정한 시간에 방문했다. 특별히 우리 집 동의 매물이 없어 쏠림 현상이 생긴 탓이란다. 시세보다 훨씬 더 높은 가격에 내놓은 집인데도 말이다. 그러다 정작으로 집을 보러 사람들이 드나드니 깊은 갈등이 시작되는 게 아닌가. 어느 순간, 잘 정돈한 물건들을 이리저리 밖으로 꺼내어 오히려 더 어수선하게 만들고 있는 나를 보며 집 팔리는 게 아까운 무의식의 표출에 혼자 실없이 웃었다. 그냥 그이 사는 서울 집에서 조금 좁더라도 합쳐 사는 것도 좋을 방법이라는 느긋한 생각도 든다.

때마침 그이의 전화를 받았다. 집 파는 문제를 좀 더 생각해 보잔다. 역시 부부는 서로 통하는구나. 일순간 나로 인해 집을 팔지 못했다는 원망은 안 듣겠구나 싶어 가슴을 쓸어내렸다.

집을 내놓은 얼마 동안 나는 집을 보러 온 그들과 매매의 추이를 관망한 셈이다. 나는 집주인으로서의 계산이 있고 그들은 집을 사는 입장의 계산이 있었다. 나야 언제든 집을 도로 들이면 그만이지만 그들 중에는 당장 이사를 해야 하는 상황이었든지 머뭇거리는 나에게 오히려 재촉까지 한다.

몇 달 동안이나 차근차근 이사할 준비를 하였지만 마침내는 의뢰했던 부동산에 당분간 매매를 보류하겠다고 알렸다. 그동안의 집 매매의 어수선한 일상에서 해방되는 순간이다. 나도 믿기지 않으나 이즈음은 언제 이사할 생각을 했냐는 듯 평온하다. 그래도 심심찮게 전화벨은 울린다.

"사모님, 마침 마땅한 임자가 나타났는데…."

"죄송합니다. 지금은 안 팔아요."

그리하여 집은 그대로 두었다만 그럼에도 나는 오늘도 이사를 한다.

Epilog

현미에게
이런 날이 올 줄 몰랐어.
책을 낸다는 생각일랑 아예 저만치 밀쳐두었잖아?
남편과 아이들 뒷바라지에 온 힘을 쏟아
그저 숨기듯 네 시간은 온전히 가슴에만 담는
그런 네가 자주 안쓰러웠어.
"현미야, 복 받을 거야."
예서제서 들리는 그 말이라도 한줌 위로이기를.
늦지만 책 내는 용기를 칭찬할게.
너의 모든 삶을 응원해.
그리고 사랑해.

이현미 수필집

아날로그의 추억, 그 후

인쇄 2024년 7월 20일
발행 2024년 7월 25일

지은이 이현미
발행인 서정환
펴낸곳 수필과비평사
주　소 서울시 종로구 삼일대로 32길 36(운현신화타워 빌딩) 305호
전　화 (063) 275-4000
팩　스 (063) 274-3131
이메일 essay321@hanmail.net
출판등록 제300-2013-133호
인쇄 · 제본 신아출판사

ISBN 979-11-5933-511-2 (03810)
값 14,000원

Printed in KOREA